ウィーン・フィルの哲学

至高の楽団はなぜ経営母体を持たないのか

渋谷ゆう子 Shibuya Yuko

NHK出版新書
691

はじめに

オーケストラの演奏を聴くために大ホールの席に座るということは、外の社会を遮断して、100名を超える演奏者の出す空気の振動を耳で集めて脳に送る作業を何時間も続ける、非日常感に溢れた体験である。それは音楽を耳で聴くというよりも、体に浴びる感覚に近い。大編成のオーケストラであれば、さらにその振動が増し、体感も大きくなる。ひとたび指揮者がタクトをあげれば、ヴァイオリンの音色は頭の上からシャワーのように降り、打楽器の波動が胃のあたりに差し込む。床に伝わるコントラバスの低音が足先に流れ、肩を包むクラリネットとオーボエの優しさを感じる。音楽に含まれる作曲家の心に思いを馳せ、演奏家が生み出す空気の波にのまれる数十分。この全身に溢れる快感を一度味わってしまうと、もう音楽がない人生を考えられなくなる。

音楽家はさらに、音楽のない人生など想像できないだろう。幼い頃から1日に何時間も楽器と向き合い、音楽と共に成長する。音楽大学で学ぶだけでなく、海外に留学し、多くの壁を乗り越え、やっとプロとして演奏できるようになる。しかし、それは演奏人口から考えればほんのひと握りだ。私たちは今、そうした選ばれし演奏家が奏でる音楽をコンサートホールで楽しんでいる。

クラシック音楽はこうして数百年を、演奏する者とそれを受け止める者の中で生き続けてきた。オーケストラは中世時代のヨーロッパに起源があるが、現在はプロのオーケストラ団体が世界中に存在する。その最高峰に君臨するのが、ウィーン・フィルハーモニー管弦楽団である。

ウィーン・フィルは、1842年にオーストリア帝国で生まれた、ウィーン宮廷歌劇場管弦楽団（現ウィーン国立歌劇場管弦楽団）の奏者で構成されたオーケストラである。それまでのウィーンには、すでにハイドン、モーツァルトと直に音楽を作り上げてきた奏者がおり、音楽を愛する聴衆も育っていた。ベートーヴェンもウィーンに移り住んだ。のちにはブラームスやマーラーといった一流の作曲家たちが、ウィーン・フィルを指揮した。このオーケストラは、偉大な作曲家たちと接し、共に作り上げてきた音楽的な解釈や奏法を今に伝えている。ウィーン・フィルほどクラシック音楽の発展と歴史に密接な関係を持つオーケストラはないと言われる所以《ゆえん》だ。現在でも、卓越した演奏技術と表現力を持つ奏者たちがウィーン・フィルの伝統を守り、継承しようとしている。現代のクラシックファンが楽しんでいるのは、過去より連綿と受け継がれてきた歴史そのものである。

だが、その楽しみが遮断された時期があった。2020年3月に始まった欧州のロックダウンに始まる、新型コロナウイルス感染症のパンデミックの期間である。数ヶ月にわたって世界中のオーケストラは一斉に音を失った。公演が全てキャンセルになるだけでなく、奏者が集まって練習することさえ禁止された。オーケストラにとって、顔を合わせて音楽を生み出せなくなったこの状況は存続自体が危ぶまれるものである。

世界中の音楽家はこの時期をどう過ごし、何を伝えていくべきかに悩み、それぞれに策を講じた。だがウィーン・フィルは、このロックダウン中、たった一本の合奏動画を除いて沈黙を守った。世界中のファンやクラシック音楽業界はこのとき、彼らのこの静止が何を意味するのか理解できずにいた。

そして2020年5月。ロックダウン開始から約2ヶ月後、突如ウィーン・フィルが動く。独自の飛沫拡散実験結果を公表し、世界に先駆けて「通常の」演奏活動を再開したのだ。6月には指揮者ダニエル・バレンボイムやリッカルド・ムーティ、フランツ・ウェルザー＝メストと共に6公演を敢行する。ウィーン楽友協会の黄金の間にその演奏が戻った。

このときウィーン・フィルは、ステージ上でソーシャルディスタンスも取らず、マスクもせず、それまでと変わりなく演奏を行なった。その様子に世界は驚き、同時に希望の光が射した。音楽は何も失われていなかった。100名の観客はハンカチで目頭を押さえ、奏者たちはみな、見たこともないような笑顔で演奏を続けた。

この世界に音楽があることがどれほど幸せなことだったかを、この数年で身に染みて感じた方は多いだろう。筆者もその一人である。規制によりコンサートは中止され、生演奏を聴く機会は奪われた。これまでのような舞台での演奏ができなくなるのではないかという不安もまた、音楽業界を襲っていた。立ち止まらざるを得ない状況下で、ウィーン・フィルが従来のままの形で戻ってきたのである。これをきっかけに、世界の音楽界は動き出した。

また、2022年2月に始まったロシアのウクライナに対する軍事侵攻によって、コロナ禍とは異なる甚大な影響が音楽業界を取り巻いた。軍事侵攻が始まる前日、ウィーン・フィルはパンデミック後初のアメリカツアーのためニューヨークに到着していたが、侵攻の知らせを受け、予定していたロシア人指揮者ヴァレリー・ゲルギエフが降板。この経緯については後述するが、ウィーン・フィルはその長い歴史の中で幾度となく戦争や紛争に翻弄され、その度に存続の危機に立たされてきた。

　彼らは、苦しい時代においても音楽のパイオニアであった。設立から180年もの間そうあり続けることは、決して容易なことではないだろう。毎年テレビ中継されるニューイヤーコンサートの煌《きら》びやかさが印象的なウィーン・フィルだが、その運営と経営を演奏家たち自身が地道に行なっていることはあまり知られていない。彼らはそれぞれが個人事業主としてオーケストラを組織する自主運営団体である。王室や国家、企業などの後ろ盾を一切持たず、自らコンサートを企画し、経費を計算し、指揮者に共演交渉を行なう。チケットを販売するのもスポンサーを探すのも演奏家たちだ。アクシデントで演奏機会を失えばギャラを得られないし、赤字が続けばオーケストラの存続も危うい。華やかなステージとは対照的に、演奏のバックステージでは、日々実直な実務が行なわれている。

　ウィーン・フィルだけがなぜ、パンデミック下の早い時期に通常の音楽活動を再開できたのか。彼らはこれまで時代の緊張感の中で何をして、何をしなかったか。彼らはそれによって何を守ろうとしているのだろう。そしてそもそも、ウィーン・フィルとは一体何者なのだろうか。世界最高峰のこのオーケストラの歴史を紐解きながら、彼らが音楽を未来に残していくための運営手法と、次世代への試みに着目するのが本書のねらいである。

筆者は音楽プロデューサーとしてクラシック音楽の音源制作に関わり、これまでテレビやラジオ収録、録音物の制作現場でウィーン・フィルの音楽が生まれる瞬間に立ち会ってきた。また音楽業界や録音技術についての執筆活動を行なっており、同楽団の奏者や運営陣から直接話を聞く機会もある。本書では、現場から見たウィーン・フィルの姿を通して、美しい音楽の調べの裏にある、組織の存続への思いや試行錯誤を知る一助となれば幸いである。

ウィーン・フィルの哲学——至高の楽団はなぜ経営母体を持たないのか　目次

はじめに……3

第1章　音楽界のファーストペンギン……15

音楽を止めない決意
恐るべき政府との直接交渉の手腕
ロックダウン中に行なわれた公式サイトの刷新
自宅待機中の地道な基礎練習
自分たちの商品価値はどこにあるか
「果たしてそれはウィーン・フィルだろうか」
揃わなかった交響曲第五番の冒頭
2020年の来日に向けた交渉
できうる限りの感染対策
あらゆる先陣を切る理由

第2章　ウィーン・フィルとは何者か？……45
経営母体を持たない自営のオーケストラ
楽団員の身分
曲者揃いの奏者たち
12名の運営委員
楽団長は「顔」、事務局長は「頭脳」
設立の「4つの目的」
奏者はどのように採用されるか
団員構成と多様性のジレンマ
奏者にとってのさまざまなメリット
なぜ女性奏者がいなかったのか
女性コンサートマスターの誕生
団員のワーク・ライフ・バランス

第3章　ウィーン音楽文化と自主運営の歴史……81
土地の歴史からたどる楽団の形
王侯と市民、双方向からの文化発展
ウィーンの音楽とベートーヴェン

ウィーン楽友協会とは何か
「第九」初演の失敗
ウィーン・フィルの誕生
ブルックナーとのすれ違い
ワーグナー、マーラーとの関わり
ワルツ王とウィーン・フィル
特別公演で演奏された〈ダース・ベイダーのテーマ〉
音楽的特徴を作った二つのコンサートホール

第4章　戦争が落とした影……117

「政治的」なツアー
帝国の崩壊と存続の道
人種による解雇
朋友フルトヴェングラーの亡命を見送って
ウィーン・フィル版「躓きの石」
ロシアのウクライナ侵攻を受けて
良くも悪くもトップランナー
ウクライナへの態度表明

ビジネスマンとしての奏者

第5章 王たちの民主主義……143
帝国に根を下ろした「王たちの民主制」
グロスバウアーの積極的な改革
見た目は普通、演奏は一流
ザ・フィルハーモニック・スーツ
世界的祝祭としてのニューイヤーコンサート
ニューイヤーコンサートはいつ始まったのか
ウィーンの伝統文化としての舞踏会
「ヴィーナー・オーパンバル」という国家的饗宴
黄金の間のウィーン・フィル舞踏会
舞踏会が果たす役割

第6章 アート・マネジメントの先駆として……175
ウィーン・フィルアカデミー　後継を育てるために
音楽文化の土壌を耕す
レーベルとは何か

録音再生技術の進化がもたらしたもの
二人の指揮者とCD容量「74分」の謎
ストリーミング技術で変わる音楽業界
レーベルとの契約交渉
「利益率の低い」ストリーミングサービスに適応するために
ニューイヤーコンサート録音の舞台裏
アーティストの生き方
ウィーン・フィルのこれから

あとがき……208

参考文献……212

ウィーン・フィル関連年表……217

第1章　音楽界のファーストペンギン

音楽を止めない決意

音楽の都オーストリアのウィーンで生まれ、180年もの歴史を持つ世界最高峰のオーケストラと聞けば、その集団はいかにもコンサバティブで職人気質な性格が内在しているように見えるかもしれない。そうした側面がないわけではないが、冒頭で記したとおり、ウィーン・フィルは創設以来、一貫して奏者が全ての運営を行なってきた「個人事業主」の集まりであり、同時にクラシック界のトップランナーであり続けてきた。

その成立の歴史については後に譲るが、音楽家自身が組織のマネジメントを同時に行なっているという事実をイメージすることは容易ではない。

そこでまず、世界中の音楽家にとって未曾有の危機となったパンデミック下で、ウィーン・フィルという音楽家集団がいかなる意思決定を行なったかを見ていこう。危機は組織の本質をあぶり出すと言われるが、彼らの行動はウィーン・フィルの気質と業界におけるポジションをよく表すものであった。

2020年2月、新型コロナウイルスの感染拡大が中国・武漢《ぶかん》で起きていた頃、ウィーン・フィル楽団長でヴァイオリニストのダニエル・フロシャウアーは中国の音楽メディアに宛て、武漢市民へのお見舞いのビデオメッセージを送った。前年に中国ツアーで武漢を訪れていたからだ。この頃まだ欧州をはじめとする多くの国での感染拡大はなく、ほどなくしてウィーン・フィルは欧州ツアーに出かけている。指揮者アンドリス・ネルソンスと共に、ベートーヴェンの生誕250周年に合わせて企画した交響曲全曲演奏公演だった。ひとつのホールで4日間、ベートーヴェンの交響曲を第一番から第九番まで連続して演奏するツアーで、この年の目玉コンサートである。

しかし間もなく、ヨーロッパ各国で感染が急速に拡大。各都市で感染者が激増し、3月11日、ウィーン・フィルはドイツ・ミュンヘンでの公演をやむなく当日になって中止するに至る。当時の首相アンゲラ・メルケルが国民の一致団結を強く訴えた日だ。彼らはこの日ミュンヘンを発ち、残りの欧州ツアー全ての中止を発表して帰国した。

その数日後、オーストリアは厳しいロックダウンに入ることになる。最初のロックダウンは行動制限が厳しく、家族以外との接触を厳しく制限されたことから、コンサートはおろか楽団員が一緒に練習することもできず、全ての楽団員が自宅待機を余儀なくされた。筆者もこの頃渡墺《とおう》を予定していたが、現地の関係者から「ホテルもいつ封鎖になるかわからない。出歩いていると警察官に何の用があって出かけているかを尋ねられるほどの厳戒態勢なので、来ない方がいい」と言われたほどだ。オーストリアやドイツだけでなくヨーロッパ全土でロックダウンが行なわれ、アメリカもほどなく状況を同じくした。日本でも2月末よりイベントやコンサートの中止が相次ぎ、4月には東京で初めて非常事態宣言が発出されたのは記憶に新しい。

こうした災禍の中で、音楽家たちは自宅で個人的に演奏を続け、簡易な録画や録音を自主制作しながら、ウェブを通じて自身の音楽を世界に発信しはじめた。音楽家として演奏したい、音楽を作りたいという純粋な気持ちの高まりと共に、悲痛な世情にあって、人々の心に自分たちの音楽をどうにか届けたいと願ったがゆえの行動だろう。日本では新日本フィルハーモニー交響楽団員が、当時流行していた邦楽曲「パプリカ」を自宅でそれぞれに演奏し、その動画をつなぎ合わせて一本の合奏動画に編集したものをYouTubeで公開している。再生回数は240万回に上り、同楽団の知名度はインターネットを介して急上昇することになった。それまで「新日」とウェブで検索するとプロレス団体名が上位に表示されるのが常だったが、この頃はオーケストラが上位に表示されていた。つまりクラシック音楽の愛好家だけでなく、一般の関心を惹きつけることに成功したのだ。オーケストラにとってみれば、大きな経費をかけずにプロモーション効果を上げた好例と言えるだろう。

パリ管弦楽団も各奏者が自宅で撮影した演奏動画を集め、プロによる編集を施してウェブで公開しているが、それはまるでチャップリンのモノクロ映画を見ているかのような完成度の高さで、パリ管のファッショナブルさを際立たせていた（現在は非公開）。あるいはウィーン・フィルと知名度や演奏技術で肩を並べるベルリン・フィルは、自前のストリーミングサービスで過去の演奏会動画を無料で開放。さらに2020年5月1日、ドイツ政府の規制に倣《なら》う形で、奏者間のソーシャルディスタンスを取り、2メートル近く間隔を空けた状態で、指揮者キリル・ペトレンコと共にマーラーの交響曲第四番などを室内楽形式で演奏している。演奏は無観客で行なわれ、全世界に向けて無料で配信された。この無観客コンサートには、世界中のコンサートが中止され、行く先が見えない状況でも、そしてまたどのような規制が設けられても、工夫をしながら音楽を止めない決意があった。

だが、ウィーン・フィルはその頃、ただ一本の合奏動画をSNSで発表した以外、何の声明も出さず、頑なに沈黙を守っていた。

恐るべき政府との直接交渉の手腕

その沈黙をどう受け取ればよいのだろうか。表面的に見れば、普段どおり演奏できない

ロックダウンで全てのコンサートは中止された（2022年3月、ウィーン楽友協会にて）

ならば無期限に活動を休止するという、いかにも職人気質な判断のように思えるかもしれない。しかし水面下の動きを見ると、別の姿が浮かび上がる。

　彼らは時間の経過と共に事態が沈静化するのを待っていただけではなかった。ロックダウン中も奏者の代表で構成される運営委員らがオンライン会議を行ない、毎回3時間以上も今後の方針を話し合っていた。同時に運営トップの楽団長フロシャウアーや、事務局長でコントラバス奏者のミヒャエル・ブラーデラーは、政府高官や首相と文化活動再開のための交渉を続けていた。

　さらにウィーン・フィルは独自に飛沫拡散実験（エアロゾル実験）まで行なっている。この実験は彼らの主治医の立ち会いのもとで、本拠地である楽友協会「黄金の間」のステージで行なわれた。弦楽器や管楽器など、それぞれの奏者に呼気計測装置をつけ、飛沫の拡散距離を計測するというものである。当時、世界各地で管楽器などの呼気の飛散についての実験が進んでいたが、ウィーン・フィルは全ての楽器に対して検証を行なっていた。

その実験と検証結果が、２０２０年5月17日に、ウィーン・フィルの公式ウェブサイトとオーストリア保健省から同時に発表される。その発表では、管楽器の中でもっとも呼気が遠くに流れるフルートでも飛沫拡散は80センチに留まることや、そのほかの弦楽器も含めて通常のオーケストラ配置で演奏に問題がないことが示されていた。この実験結果を根拠とした演奏再開に向けて、ウィーン・フィル首脳陣はオーストリア政府高官と直接交渉を行ない、楽団長フロシャウアーは当時の首相セバスティアン・クルツと、電話会談と面会をしている。

ちなみに、オーストリアは共和制のため、国家元首である大統領と行政の長である首相という二人のリーダーが存在するが、ウィーン・フィルが首相であるクルツと綿密な会談を持ったのには明確な理由がある。アレクサンダー・ファン・デア・ベレン大統領はウィーン・フィルの定期会員であり、クラシック音楽やオペラに造詣が深く、また芸術活動の重要性を認識し、パンデミック下にあってもその活動を早くに再開することに理解を示していた。一方、当時30代の若き首相クルツはスポーツ派で、特に国民的人気の高いサッカーにおいて、屋外での練習の再開、試合再開の施策を初期のロックダウン時から優先的に検討していた。ウィーン・フィルはクルツ首相の理解を得ることが不可欠と考え、クラシック音楽の奏者はサッカーと比較して「演奏時に大声を出すこともなければ体の接触もない」として、その安全性を訴えたのである。

交渉では飛沫実験の結果と共に、独自の感染予防策を構築することが約束された。リハーサルを始めるにあたってまず全員がPCR検査を受け、陰性であることを確認したうえでステージに集うことを独自規定として整え、罹患《りかん》していない前提で通常の演奏を可能とすることを求めたのだ。つまり、これまでどおりの奏者の配置と、マスクなどをしないで演奏することにこだわったわけである。交渉の末、オーストリア政府は文化面での規制を緩和し、観客の人数などの制限はあるにせよ、これまでどおりの公演を許可するに至った。

科学的根拠を持って政府に直接働きかける彼らの一連の手腕には、素直に驚かざるを得ない。語弊があるかもしれないが、彼らは単なる音楽家の集まりである。人数は150名程度、日本で言えば中小企業（それも小さい規模の）にカテゴライズされる法人だ。その彼らが一国の首相と電話会談し、アポイントをとって直談判に出るのみならず、法規制の変更まで求めている。いくらウィーン・フィルがオーストリアの文化的シンボルだとはいえ、ここまでの力があるのかと、一連の動きを取材している間、筆者は驚きと共に怖さすら覚えた。「ウィーン・フィルは特権階級だから」とオーストリアの他の音楽業界人が時々呆れたように揶揄するが、その言葉の真の意味を、このパンデミックで強く感じることとなった。

ちなみにこの文化活動の規制緩和については政府内部でも賛否が割れ、規制緩和が発表された同日に芸術文化担当副大臣が辞任したことにも触れておきたい。

ロックダウン中に行なわれた公式サイトの刷新

こうして、2020年5月下旬には楽団員が顔を合わせて演奏することができるようになった。観客の入場者数の規制などが解けたわけではなかったが、大きな前進と言える。その先鋒として、楽友協会の小ホール「ブラームスザール」で、フロシャウアーとブラーデラーが空の客席を背にして正装し、舞台上でヴァイオリンとコントラバスのデュオ演奏を行なった。この動画は各国のツアー招聘《しょうへい》元などに送られ、日本のファン向け、アメリカ向けなど、配信国ごとにコメントをアレンジして公開された。

また、この「沈黙」の間に、公式ウェブサイトのリニューアルが行なわれた。ロックダウンから再始動し、コンサートが通常どおり行なわれるようになった6月にフルオープンされている。ウェブサイトはデザインを一新しただけでなく、1842年の創設以降のコンサートの歴史が、日時とプログラム、指揮者やソリストと合わせて検索できる形でアーカイブ化され、全コンサートのチケット購入の方法が簡便化されている。

このウェブサイトのリニューアル担当として尽力したのが、運営委員の一人であるチェリスト、ベルンハルト・直樹・ヘーデンボルグである。新しいウェブサイトでは日本語でのわかりやすいフォローがあり、日本からのアクセスも増加しているという。サイトのリニューアル自体は2019年ごろから計画されていたとはいえ、ロックダウン中にその計画を加速させ、完成させたオーケストラを他には知らない。ウィーン・フィルを運営する奏者たちの、ビジネスマンとしての才覚を感じるエピソードである。

自宅待機中の地道な基礎練習

飛沫拡散実験に話を戻そう。

実験結果の公表と彼らの活動再開をきっかけに、欧州各国のオーケストラが再開に向けて動き始めたが、誤解を恐れずに言えば、ウィーン・フィルのこの実験結果にはある種のご都合主義的な側面も見え隠れする。最も遠くに呼気が飛んだフルートでも80センチ以下だったという写真があるが、この距離では隣のフルート奏者に呼気がかかるだろうし、演奏の強弱によっては呼気がそれ以上に飛ぶ吹き方もあり得る。100％の安全を保証しているとは思えない実験結果である。実際にこれを見た他国の奏者らから、これでは何の感染予防にもならないのではないかという疑念がSNSなどを通して上がっていた。

だが、こうした反対意見が出てくることもウィーン・フィルは当然見越していたと思われる。疑念に対しては「ステージに上がる前に全員検査をするという方針を採用している」と説明している。この方針はつまり、「奏者が感染していないことを事前に証明したうえで、科学的にも政治的にも認められた方法に則《のっと》り、楽団員の総意として公演を再開し、観客の感染予防策を独自に構築する」ということである。

結果としてこの実験は世界中のオーケストラやホール関係者の関心を引き、事務局にはベルリン・フィルをはじめ各国のオーケストラから実験結果や写真などの提供要望があった。彼らはそれら全てに対応し、快く実験結果と写真を提供している。これについてフロシャウアーは「世界中のオーケストラがそれぞれに演奏し、インターナショナルツアーが再開できることも我々の願いである」と話している。その後オーストリアは感染者数の増減に伴い、ロックダウンの発出と解除を繰り返してはいたが、ウィーン・フィルは2020年8月から、ザルツブルク音楽祭という1ヶ月間に及ぶ大規模なイベントに出演し、世界に先駆けて成功させている。

だが、そんな彼らといえども、その180年の歴史の中で、奏者同士が会うことすらできなくなったのは初めての事態だった。この間、ある奏者は家族内で小さな室内楽を演奏し、ある奏者は窓を開けて近隣の人たちのために演奏を届けたという。練習ではあるが、それはウィーン・フィルの音であり、ウィーン・フィル奏者が持つ歴史ある音楽である。伝統を絶やさないという大義名分だけではなく、各々が音楽を心から欲し、演奏したいと願って奏でるメロディは、聴く人を癒し、励ましたに違いない。

事務局長でありコントラバス奏者のブラーデラーは、ロックダウンの直後にこれまで取り組めなかった練習曲集を開いたという。購入してから数年間、日々の実務と演奏業務で開くことさえできなかった、50曲に及ぶ難解な練習曲集に挑戦したのである。彼は「思ったよりも早くロックダウンが終わったから、半分しか進められなかった」と笑っていたが、音楽に前向きで真摯に取り組むこの姿勢に、ウィーン・フィル奏者の一流ぶりがうかがえる。楽団長フロシャウアーはロックダウンで自宅待機している間、毎日2時間を基本的な運指と音階練習に使ったという。世界最高峰のオーケストラ奏者で、キャリアも長いこの二人ですら、地道な基礎練習を1日に数時間も行なうのだ。困難に直面しても、ポジティブに切り替え、新たな目標に向かって地道な努力を怠らない。「個々の演奏技術においては、今が一番上手いかもしれませんよ」。再始動に際し、笑い話のようにそう語った彼らの姿に、世界の音楽家も励まされたのではないだろうか。

自分たちの音楽の商品価値はどこにあるか

彼らの音楽に対する価値観もまた、コロナ禍で浮かび上がることになった。

先に触れたように、コロナの感染が拡大する中で世界中の演奏家やオーケストラが遠隔合奏や簡易録画の動画を制作、公開していたが、ウィーン・フィルはロックダウン中、たった一本のオーケストラ動画しか公開しなかった。それは一見すると各奏者が自宅でスマートフォンなどのモバイル端末を使って簡易的に撮影したものを集めた、他のオーケストラと同様のタイプのものである。演出もない、普段着のまま自宅のリビングや練習部屋で撮られた演奏動画を繋ぎ合わせたものだ。

だがよく聴くとその音源は、簡易録画された各自の音源を組み合わせたものではない。この動画につけられた音楽は、すでに商品化された、コンサートホールでの演奏の録音を動画に組み込んだものだった。各奏者が自宅で撮った映像にコンサートの音源を組み合わせ、あたかも奏者が自宅で演奏しているかのように編集が施されている。テンポがずれないよう、各奏者が録画する際にCDの音源を聴きながら演奏したものと考えられる。

私はこの動画をはじめて見たとき、録音に携わるものとして心から感動し、また震えた。ウィーン・フィルは音源のクオリティの重要さを、この一本の動画で示してくれたからである。

なぜウィーン・フィルは音質にこだわったのだろうか。自宅で簡易に録音したものは、実際のコンサートをプロが録音したものと比較すると、当然のことながら音楽作品としての質は低い。普段私たちがCDなどで鑑賞しているのは、プロの録音家であるトーンマイスターやエンジニアが専用のマイクを適切な位置に立て、バランスを整え、専用のツールで編集して仕上げたものだ。奏者が自宅で録音したものをいくらプロが組み合わせて編集しても、元の音のクオリティを補いきれるものではない。

映像に関しても同じことが言える。どれほど自前のモバイルデバイスのカメラの性能が高くとも、構図やカメラワーク、ライティングはプロのカメラマンには匹敵しない。パンデミック下の隔離で仕方ないとはいえ、この時期の簡易制作物の質の悪さがオーケストラや演奏者の評価の低下を招くのではないかというのは、実際に懸念されていたことだった。だからこそウィーン・フィルは、映像は簡易的なものだったとしても、音源はプロ仕様にこだわったのだ。

演奏家やオーケストラにとっては、一度の低評価が命取りにつながる。彼らは音楽のプロであり、音楽のプロにとっての録音物は商品である。無料提供した商品は、ひととき消費者の関心を集めたとしても、その質が低ければ彼らへの評価が元の水準に戻ることが難しくなってしまうのは想像に難くない。いつもタダでもらえる、品質を求めない広告目的のポケットティッシュが、ティッシュペーパーの価値を変えてしまったように。

ウィーン・フィルやベルリン・フィルといったトップ・オーケストラは、自分たちの商品価値がどこにあるかを理解していた。常にコンサートの収録が映像化され、ＣＤなどで多くの作品をリリースして大きな収益を得ている団体にとっては、パンデミックであろうとそのクオリティを下げるわけにはいかなかったのだろう。高品質の音源とは何か、それが何を自分たちにもたらすのかを理解しているのだ。

ちなみに、ベルリン・フィルは違う方向で対策を講じている。過去のコンサートアーカイブを無料開放することによってファンが離れないよう注意しながら、同時に新しいファン層獲得を狙い、いつものフィルハーモニーホールでソーシャルディスタンスを取った少人数コンサートの動画を、プロのエンジニアと共に製作している。苦肉の策であったかもしれないが、パンデミック下だからこそできた秀逸な映像作品であるとも言えるだろう。

ソーシャルディスタンスを取って演奏することは、奏者にとって容易なことではない。合奏は適切な距離で奏者同士がお互いに感じる息遣いや相手の動きに反応して成立するものだからだ。しかしベルリン・フィルのそのコンサートは、2メートル離れた奏者間距離をものともせず、キリル・ペトレンコの指揮とアイコンタクトで素晴らしい演奏を見せた。彼らの音楽技術の水準の高さを、その演奏と卓越したカメラワーク、録音によって見せつけたわけである。

やや余談になるが、この無観客かつソーシャルディスタンスを保った演奏は、類稀《たぐいまれ》な音源を生み出した。コンサート録音の場合は、2000人を超える観客の体が吸音材となり、響きが減ってしまう。聴衆の体に音が吸収されるせいで、ホールに響く音が小さくなり、残響の美しさが減少してしまうのだ。したがって、パンデミック下で録音された無観客のベルリン・フィルの演奏は、残響の長い、音質としても大変優れた作品となった。ペトレンコの発する小さなうめきや、奏者の足が床を軋《きし》ませる音までもが聴こえ、美しい音楽を奏でる人間の存在感が明瞭に捉えられていた。

「果たしてそれはウィーン・フィルだろうか」

ウィーン・フィルに話を戻そう。彼らはロックダウン中に公開する音楽の質を落とさない方法を選んだ。高品質な音源に、字幕で「音楽を諦めていない」という趣旨のシンプルなメッセージをつけることだけで、その存在感を示したのである。

これについて私は当時、先のベルリン・フィルを例に出し、楽団長であるフロシャウアーに同様のことを検討しないのか尋ねたことがある。だがその質問に対しては、「ステージ上に数人しかいなかったら、果たしてそれはウィーン・フィルだろうか」と、まるで禅問答のような解答しか得られなかった。ウィーン・フィルの本拠地である楽友協会のステージは、ベルリン・フィルのフィルハーモニーホールよりかなり狭い。それを考えると、カルテットなどの少人数の演奏ならば、そこで演奏を行ない、録音をすることは可能なはずだ。しかし彼らはそれを選択しなかった。室内楽などの小さな演奏会も考えていない、という方針である。ウィーン・フィルとして演奏するのであれば、設立以来守ってきた演奏形態、すなわちソーシャルディスタンスなどをとらず、マスクなどもつけず、これまでどおりのスタイルしかないという選択である。そうでなければ演奏しない、という明確な意思表示だった。

その姿勢を貫いて、ウィーン・フィルは観客の前に戻った。100名の観客数を上限に屋内のコンサートが許可されたことを受け、2020年6月5日、指揮者ダニエル・バレンボイムを擁し、楽友協会で奏者の家族や関係者ら、ともに苦しい時期を耐えてくれた人々を招待して、それまでどおりにこだわったコンサートの開催に漕ぎ着けたのである。ここにウィーン・フィルの確固たるブランディングがある。

しかし、屋内コンサートが開催できるようになったとはいえ、危機が去ったわけではない。屋内コンサートの許可はあくまでオーストリア国内の話であり、海外ツアーで大きな収益を上げている彼らにとって、これまでどおり海外で演奏できるかどうかは文字通りの死活問題であった。

揃わなかった交響曲第五番の冒頭

話が脇道に逸れるが、ロックダウンからの再始動にあたって、最初のコンサートの楽曲にはベートーヴェンの交響曲第五番〈運命〉が選ばれた。この選択は実にウィーン・フィルらしい。

この曲は、先述した3月11日、ミュンヘンでのコンサート当日に公演を中止せざるを得なかった日の前日、最後にコンサートで演奏した曲である。この年はベートーヴェン生誕250周年という節目であり、ウィーン・フィルは指揮者アンドリス・ネルソンスと共にベートーヴェン全曲集を制作し、そのプログラムを各地で演奏していた年でもあった。このアニバーサリーイヤーに、彼らだけでなく世界中のオーケストラや演奏団体がベートーヴェンのプログラムを組んでいた。それがほぼ全て中止になったのだから、つくづくベートーヴェンという人の不遇な運命を表しているようでもある。

ウィーン・フィルは、その〈運命〉を再始動にあたっての最初の曲に選んだ。停止前の曲からまた歩き出す。これは彼らの歴史の継続性を示すには最適だったのだろう。

しかし、ここで予期せぬ出来事が起こる。ロックダウンが緩和され、ウィーン・フィルの面々が3ヶ月ぶりに顔を合わせてリハーサルをはじめたとき、なんとこの〈運命〉の冒頭の音の出だしが全く揃わなかったのだ。かの有名な「ジャジャジャジャーン」で始まる、あの第一楽章である。

出だしを揃えるというのは、ウィーン・フィルほどの楽団であれば容易《たやす》いことだ。しかしこの日は冒頭からどうにも合奏がうまくなく、奏者はそれぞれに不安げな顔で演奏を続けていた。彼ら自身も自分たちの演奏が信じられなかったに違いない。事実、楽団長フロシャウアーは後にこのときを振り返って、「特別に難しいわけでもない、あの冒頭が全く揃わず、思わず天井を見上げたよ。Oh! My God!」と語っている。

ロックダウン中に自宅で自己研鑽《けんさん》を続けて、演奏技術は今が一番上手くなっていると冗談まで言っていた面々が、あの曲の冒頭を合わせられなかったのだから、戦慄した瞬間であったことは想像に難くない。それを聴いていた指揮者ダニエル・バレンボイムも首を横に振って指揮棒を下ろし、第一楽章を途中で止めた。オーケストラに向かって「第四楽章からやりましょうか」と提案したという。

ベートーヴェンの交響曲第五番という誰もが知る有名な曲で、世界最高峰の奏者たちがうまく合わせられない。このエピソードは、ある種の「音楽的怖さ」を感じさせる。ウィーン・フィルのような面々ですら、3ヶ月程度一緒に演奏できなかっただけで呼吸が揃わなくなるのだ。第四楽章からやり直した際には、その勢いある旋律と、気分が上昇しやすいオーケストレーションのおかげで、メンバーはリラックスして普段の自分たちの演奏が取り戻せたというから、さすがのリカバリーの早さとも言えるが、この出来事は音楽業界、また音楽教育にも大きな示唆を与えるものだ。合奏や合唱という、人間がお互いに調和し、呼吸を合わせることによって作り上げる音楽芸術の分野では、長期的なソーシャルディスタンスは大きな弊害をもたらす。共に演奏できない期間が長引くほど、取り返しがつかなくなっていくのだ。それほどまでに、音楽芸術においての他者との調和は繊細なものだと言える。

2020年の来日に向けた交渉

地道な交渉と準備によって国内公演の許可を得たウィーン・フィルであったが、海外での公演は当事国での規制に則るほかない。そこで、公演回数の多い日本でのツアーに関する動きをひとつのケースとして、彼らの難局での対処法を追ってみよう。

ウィーン・フィルは1956年パウル・ヒンデミットの指揮で初来日し、2021年までの間に37回の来日ツアーを行なっている。現在は4年連続でツアーが開催され、1年を空けてまた次の4年と、5年サイクルで契約されている。期間も10日から2週間をかけて、東京のほか地方都市で数公演を行なうのが通例だ。「日本ウィーン・フィルハーモニー友の会」という公式ファンクラブが設立されるほど日本人のファンは多く、コンサートのチケットは常に売り切れ。2020年秋にも36回目の来日ツアーが予定されていた。

当時、ウィーン・フィルがロックダウン後に世界に先駆けて活動を開始したのを受け、各国のオーケストラもそれに倣い、各国の基準や規制の中で、ようやくその夏から秋にかけて公演を再開していた。定期的な検査（PCR検査や抗原・抗体検査など）から座席の間隔をとる形での入場人数の調整まで、音楽を止めない工夫と努力はクラシック音楽の世界だけでなく、幅広い分野でやっと浸透し始めていた。しかし、海外渡航については多くの国が入国規制を敷き、日本もビジネスでの入国でさえ審査や許可が厳しい状況にあった。

そのような状況から判断して、2020年の来日は難しいというのが大方の予想であった。しかし10月1日から日本政府がビジネスなどでの来日の緩和政策をとったことで、一定条件のもとで隔離措置なしでの入国が認められる可能性が浮上。この頃日本では翌年の東京オリンピック開催の準備として、外国人の入国が検討されはじめていたからだ。その後11月4日、加藤勝信官房長官（当時）が記者会見でウィーン・フィルの来日を特例として認めたことを明らかにした。

この間、水面下では何があったのだろうか。

筆者は9月に、ウィーン・フィルがオーストリア外務省と二度の懇談を行なったという情報を受けていた。10月初旬には不確定情報ながら、日本へのビザが下りるようだと政府関係者から話を聞いていたが、オーストリア政府内部の情報はなく、発表は先延ばしにされていた。

事態が動いていることを知らされたのは10月末、来日予定の5日前のことだ。オーストリア・クルツ首相から菅義偉前首相宛に親書が届いたのだ。国家レベルの交渉で見通しが立った後に、念押しで直接首相宛に親書を入れたのである。これが決定打となって国内外への発表が準備されている。実は10月初旬にはすでに全日空によるチャーター便の手配がされており、ホテル滞在時の感染予防策、新幹線移動におけるJRとの連携も整えられていたという。官房長官による記者会見はインパクトが大きく、また国をあげてのイベントという印象も与えた。二国間の政治案件として来日が実現したのである。

親書はクルツ首相本人の発案だという。音楽には特段の関心がないと思われていたクルツ首相だが、ウィーン・フィル首脳陣の度重なる訪問や嘆願によって意識に変化があったのかもしれない。親書を送る数日前のオーストリアの建国記念日(10月26日)で、クルツ首相は国民に向けた祝賀動画を公開したが、その中に楽団長フロシャウアーと事務局長ブラーデラーが楽友協会のステージで演奏している映像が採用されている。クラシック音楽に明るくなかった首相が彼らの活動を、国立歌劇場管弦楽団員ではなく、〝ウィーン・フィル〟として、価値を認めたということだろう。

できうる限りの感染対策

2020年11月4日、ウィーン・フィルを乗せた特別チャーター機が福岡空港に着陸した。来日ツアーの初回公演の場所が北九州であることから福岡からの入国となったのだが、当時全日空では羽田―ウィーン間の直行便の運航を休止しており、そもそも福岡空港にウィーン便は就航していない。にもかかわらず、ウィーン・フィルは福岡に降り立ったのだ。空港では就任したばかりの駐日オーストリア大使、エリザベート・ベルタニョーリ氏が楽団員たちを出迎えた。この来日がどれほどの重要案件であったかを象徴する受け入れ態勢である。

着陸からおよそ4時間後、全員のPCR検査ののち、ウィーン・フィルと、同乗していた指揮者ヴァレリー・ゲルギエフ、ピアニストのデニス・マツーエフが空港出口に現れた。全員の入国許可がアナウンスされた際、「幸運としか言えない」と興奮気味に言った日本の報道関係者もいたが、これは単にラッキーな出来事ではない。実は日本に発つ2日前から、来日予定者全員がウィーン国際空港そばのホテルで自主的な隔離措置をとっていた。ここでの検査で1名のヴィオラ奏者に陽性反応が出たことから、近い距離で演奏していた奏者を含めた5名のヴィオラ奏者を出国させず、ツアーから外している。オーストリアの濃厚接触者扱い規定より厳格な基準である。仮に陽性者に気づかず搭乗させていたら、同乗者全員が濃厚接触者となって入国はできず、ウィーンにトンボ帰りしていただろう。「できうる限り、思いつく限りの感染予防策を講じた」とブラーデラーがコメントしたとおりの入念な準備と隔離措置の賜物である。

ヴィオラ奏者5名を追加招集することは叶わなかった。代わりにヴァイオリン奏者とその予備奏者にヴィオラ演奏を頼み、第一ヴァイオリン15名、第二ヴァイオリン13名、ヴィオラ9名という奇妙な編成となった。しかしその編成変更に気がつく観客は少なかった。初回の北九州公演では、ウィーン・フィルの奏でる美しいチャイコフスキーの旋律に、満員の客席で涙を流し、感動する姿ばかりが目に入った。

2020年の来日時の記者会見

余談になるが、この自主的な2日間のホテル隔離が、結果的にウィーン・フィルをもうひとつの脅威から守ることになった。それは日本への出発前夜に起こったウィーン市中心部でのテロ事件である。この夜、犯人逃走という事態に対してウィーン市は市街地の封鎖を行なったのだが、もし奏者らがこのとき市内自宅にいたとしたら、翌朝のチャーター機には乗れなかっただろう。彼らの用意周到さには全く頭が下がる。

ちなみに当時の入国規定では、入国時には14日間の隔離期間を設けなければならなかった。空港からそのままホテルなどの施設に移動・滞在し、ＰＣＲ検査を受け、陰性であれば14日後に自由に行動できるようにする水際対策である。この14日間の隔離は滞在者にとってかなり長い。そこで、この隔離措置を大幅に拡大解釈してウィーン・フィルに実施したのが、いわゆる「バブル方式」である。

２０２０年の東京オリンピック開催を翌年に延期した日本は、オリンピックで来日する選手団をどのように安全に隔離なしで入国させるかを思案していた。そこで動物の検疫で使われるBubble-to-Bubbleの流用が検討された。Bubble-to-Bubbleは主に競走馬の輸送に用いられる手法で、入国した海外の競走馬を日本の馬と接触させず、隔離場所を確保して待機させて競馬場に向かわせるものだ。

このバブル方式の採用により、福岡空港を出た後、彼らはごく限られた日本のスタッフ以外との接触を禁止され、10日間の日本滞在の中で、ホテルの自室と演奏するホール以外の出入りを許可されなかった。「バブル」の中から出ずに演奏を行ない、そのまま帰国するという方針である。これほど息の詰まる行動規制を受け入れても、ウィーン・フィルは日本ツアー実現を選んだ。東京のサントリーホールで行なわれた最後のコンサートを終え、専用バスで移動したのちに出国手続きを無事終えたことを確認した全日空職員は、この一連の対応を終えた安堵なのか、「オリンピックのよい練習になった」と思わず本音を漏らしていた。

あらゆる先陣を切る理由

なぜそこまでして彼らはこの時期に来日公演を実現させたのだろうか。

「誰かが、どこかのオーケストラが海外ツアーを始めなければ、世界の音楽が止まってしまう」。楽団長フロシャウアーのそんな言葉のとおり、公演ができないことへの音楽的危機感は当然あっただろう。一方で現実的な問題として、外貨獲得はオーケストラの収益にとって重要な要素であることに疑いの余地はない。また、日本ツアーのスポンサー支援がウィーン・フィル退職者の年金制度を支えているため、経営的な観点からも来日公演は欠かせなかったのだろう。中国や韓国などのツアー予定が早々にキャンセルされたことを見ても、来日ツアーを諦めたくないという彼らの意志はずっと感じていた。

また、日本の立場に視点を移せば、ある意味「ゴリ押し」にも見えるこの来日について、首相の親書などの外交問題だけでなく、オリンピックに関わる各企業の思惑が見え隠れしたのは事実である。10月からの入国規制の緩和が発表されると、日本のメディア報道やS

NSでは否定的な声が多く聞かれた。同時期にはウィーン・フィルだけでなく、一部のスポーツ選手が日本での合宿や予備試合のために入国を始めており、海外在住の日本人のプライベートな帰国さえも叶わない状況下で、オリンピックありきの入国対応への不満が渦巻いていた。

ウィーン・フィルはそんな日本の状況を十分に把握していた。国民から諸手を挙げて迎え入れてもらえない時期だからこそ、記者会見などでも丁寧に謝辞を述べ、コンサートの際にもその思いをぶつけたのだという。楽団長フロシャウアーは「この来日中、どのコンサートでも信じられないほどの集中力を持って皆が演奏していた」と話している。筆者も全公演を客席で鑑賞したが、どの演奏も常には感じない迫力があり、奏者の喜びに溢れていた。ステージ上でしか自由を与えられない不健康さを解消しようとする、ある種の鬱憤《うっぷん》晴らしのような元気さも見えた。

こうした奏者の感情は、音になって確実に観客に伝わっていた。ツアーは全て満席で、どの公演でも観客の温かな涙があり、「ブラボー!」と叫べない代わりに、その思いは横断幕として掲げられ、拍手はいつまでも鳴り止まなかった。

ロックダウンからの再始動もしかり、バブル方式による海外ツアー再開もしかり、ウィーン・フィルは音楽業界のファーストペンギンとして、コロナ禍においてあらゆる先陣を切ってきた。そのどれにも、リスクに立ち向かう集団としての団結力が見えたが、何よりも驚くべきは、この一連の意志決定と交渉、調整をすべて奏者たちが自ら行ない、実現させているという事実だ。そこには「自分たちの音楽を届けたい」という純粋な思いだけでなく、自国政府をも動かす交渉力と、ビジネスマンとしてのリアリズムと実行力が備わっている。

壮麗な彼らの音楽からはうかがい知れない、その圧倒的な交渉力と実行力は、どのように培われてきたのか。それを可能にする組織体系は、どのように構築されているのだろうか。

第2章 ウィーン・フィルとは何者か?

経営母体を持たない自営のオーケストラ

ウィーン宮廷歌劇場であったケルントナートーア劇場（現在のウィーン国立歌劇場の前身）の管弦楽団員から結成されたウィーン・フィルハーモニー管弦楽団は、経営母体を持たない自主運営のオーケストラとして誕生した。この方式は1842年の結成当時にはすでにその基礎が出来上がっている。この経営方式こそが彼らの大きな特徴である。

世界のプロオーケストラの運営や経営には、多くの場合、母体となる組織や企業が存在する。国や政府が運営する場合や、企業が経営母体として資金面と事務局の人材面をカバーしている団体が多い。日本のプロオーケストラも同様で、多くは公益社団法人、または公益財団法人として運営されている。法人がその主たるスポンサーとなって運営している NHK交響楽団や読売日本交響楽団は、コンサートなどの事業収入で賄《まかな》えない多くの支出を母体スポンサー企業からの事業契約金で補っている。例えばNHK交響楽団は、2019年度収益約31億円のうち45％にのぼる約14億円がNHKから交付されているし、東京都交響楽団は収益のうち60％弱を都の補助金が占めている。こうした楽団の奏者は、運営を専門組織に任せることで演奏に注力できる一方で、演奏活動の方針が運営母体の意向に沿って決められたり、資金面のサポートが企業の業績に左右されたりなど、音楽の独立性を阻む問題が生じる可能性が高い。また、母体の知名度や社会的認知度が、他企業や個人からのオーケストラへの寄付金の額を左右する。

ウィーン・フィルはスポンサー企業としてロレックス一社と契約はしているものの、ロレックスは経営には関与しておらず、公的資金の投入も行なわれていない。完全に独立した団体だ。この立場を守ることは徹底されており、パンデミック中の活動休止期間でさえも公的支援や助成金、支援金を受け取っていない。

経営母体を持たないということは、運営に関わることは全て自分たちの手で行なっているということである。なんと指揮者の選定からプログラム構成、チケット販売に至るまで、運営に関する全ての決定を奏者が行なっているのだ。楽団員が自ら運営を担うという体制も、すでに設立当初にその基礎が作られていた。1860年には会員制の定期演奏会の仕組みが整い、収益分配の方法もすでにこの時期に決められていた。設立以降、ウィーン・フィルはベートーヴェン以来の音楽の伝統を絶やさず後世につないでいくという音楽的理念の継承に加え、その組織の原理も同時に継承し続けている。

行政や法人傘下でなく、奏者自身の運営により組織の伝統を守る。この運営手法がこれほど長く続いているのは驚くべきことだ。後述するが、そこには奏者が全員「ウィーン国立歌劇場管弦楽団員」であることが有利に働いている部分はあるだろう。奏者は歌劇場で日々開催されるオペラの演奏で基本収入が確保できるのである。仮にウィーン・フィルからの収入が全くないとしても、国立歌劇場管弦楽団員として生活していくことができるのだ。奏者にとっては安定した収入があるという精神的な余裕は大きいだろう。個人の収入の面から言えば、ウィーン・フィルとしての公演のギャラは大きなプラスアルファになる。オペラ演奏で生活のための収入は確保しながら、ウィーン・フィルで演奏することで音楽的欲求を満たし、さらに高いギャラを稼ぐことができる。極めて理にかなった仕組みである。ウィーン・フィル奏者であれば生徒を持つことも容易く、またその肩書きを使ってアンサンブルを組み、自主的に演奏を企画することもできる。こうした自由で闊達《かったつ》な芸術活動を選択できる運営手法があるからこそ、他者の思惑に左右されることなく、独立性を保ち続けていられるのだ。

楽団員の身分

「ウィーン・フィルの奏者がウィーン国立歌劇場管弦楽団員である」ということには、もう少し説明が必要だろう。国立歌劇場管弦楽団員と聞くと、国家機関の職員、つまり公務員をイメージされるかもしれないが、そうではない。日本では通説として「国立歌劇場奏者である公務員が休暇を申請して、その休日を使ってウィーン・フィルで演奏している」と言われることもあるが、それは誤りである。

第一次世界大戦が終わり、オーストリア=ハンガリー帝国が崩壊、オーストリア共和国が誕生した。この際、宮廷が所有していた財産や建物は国の管理下に置かれることになり、宮廷が所有していた歌劇場はStaatsoper（国立歌劇場）として存続が決まった。戦後しばらくは国の管理のもとで歌劇場が運営されていたが、現在はオーストリア政府が100％出資する有限会社Bundestheater-Holdingが運営している。つまり国立歌劇場は国の管理下で民営化された組織であり、楽団員を含めた組織員は公務員ではなく、民営化された歌劇場に雇用されたオーケストラの一員、ということになる。

ただし、このことが法的に裏付けられたのは1999年のことだった。第一次世界対戦後の混乱の中で文化施設の法整備が後回しになったのか、歌劇場の運営が先行し、法律を含む体制の整備は後を追う形となったのである。その後、表出した運営上の問題を解決するために、国が株主の法人を作って運営を民間に任せたのだが、こうしたところは実にオーストリア的である。

ウィーン国立歌劇場(写真提供/ユニフォトプレス)

こうした経緯から、1999年以前に採用された奏者の中には公務員と同程度の待遇や給与体系を持つ奏者がいることも事実である。この「公務員と同程度の待遇」が日本に間違った伝わり方をした結果、前述の「ウィーン・フィル奏者公務員説」に繋がったのではないかと考えられる。

仮に奏者が公務員であれば、外国人採用は叶わなかっただろう。国立歌劇場という名前は残ったが、民営化されて自由な身分が与えられ、副業的な演奏活動が可能になっただけでなく、他国の奏者にも門戸が広がったのだ。

こうした体制下で、ウィーン・フィルと国立歌劇場は協力して双方の運営を成り立たせている。奏者にはオペラ演奏に支障のないよう配慮が求められるが、ウィーン・フィルとしてのコンサート活動は綿密に計画され、運営されている。また、運営幹部である楽団長や事務局長は業務に時間を取られることを考慮し、歌劇場への出演の調整がなされるなど、国立歌劇場によるウィーン・フィルの活動への配慮も行なわれている。

曲者揃いの奏者たち

奏者によるオーケストラ自主運営という方法はいかにして形づくられてきたのだろうか。ウィーン・フィルの誕生と歴史については後章で述べるとして、オーストリア人の国民気質と、この独立運営手法の関係性について考えてみたい。

オーストリア人というと、現在はオーストリア共和国の国民を指すが、歴史的にもオーストリアは単一民族国家ではなく、現在も多様な出自の国民で構成されている。国土もその歴史の中で拡大や縮小を繰り返した。筆者がオーストリア人と仕事や個人的な交流を通じて感じる国民性は、皮肉や風刺の効いたやり取りを好み、表面上の威厳に満ちた社会的な振る舞いはある一方で、本心はわかりにくいことが多い、といったところだろうか。勲章や肩書きなどの称号や学歴がものをいう土壌があり、旧時代的なクラス感を未だ持ち合わせていると思われる場面にも多く出くわす。オーストリアのウェブサイトでは、個人情報を入力する際に学歴や称号だけでなく、理系文系の高等教育や専門分野についてのカテゴリまで入力を求められることも多い。「階級意識」が根強く残る文化である。一方でこうした階級意識や上下関係の真面目さが、高い水準での都市整備と治安の良さを実現させている面もある。２０２２年、英エコノミスト誌の調査部門が発表した「世界で最も住みやすい都市」ランキングで、ウィーンは1位にランクインしている。

ビジネスの場面では、求める条件が彼らの側に好都合でないと判断されるや否や、急にやりとりが難しくなることがある。堅実さと曖昧さが混在しているのだ。一見スムーズでビジネスライクに進んでいるように思えても、突如理由がわからず交渉の継続が難しくなる場合がある。握手の前の腹の探り合いよりはむしろ、コネクションの構築から始めた方が成功することもある。さすがは「世界一無愛想な街」にウィーンが２年連続（２０２１〜22年）で選ばれているだけのことはある（Expat City Ranking 2021~22）。

政治の場面でも、出る杭を徹底的に打つような側面が見られる。また、表向きの顔をうまく演じられることや威厳を見せられることと同時に、正直で礼儀正しいことも評価される。そんなところに、多くの民族が共生しているオーストリアの複雑さが存在する。一方で、一度プライベートで親密になれば面倒見がよく、友人や家族を大切にする気質のおかげで、落ち着いて温かな人間関係を構築しやすい。混濁した歴史の中でうまく立ち回ることが求められた末の、清濁併せ持つバランス感覚を持った国民気質と言えるだろう。

ウィーン・フィルのエピソードにもこの手のものは多く伝えられていて、ウィーンっ子気質だと笑って済ませられないような、現代では考えられないほど利己的で身勝手な振舞いの逸話が数多く残されている。

たとえば、ワーグナーの有名なオペラ〈ニーベルングの指環〉の演奏の際にはいつも病欠する奏者がいたとか(演奏時間が長いため参加したくないのだ)、大指揮者トスカニーニがリハーサル時に激怒し、スコアを床に叩きつけた際、チェロ奏者が自分のパート譜を床に転がる指揮者スコアの横に黙って置いた話(無言の抗議)、名指揮者カラヤンにもっと速くパッセージを弾けと強く指示されたコントラバス奏者が憤慨し、カラヤン本人に自分のコントラバスを渡して、「お前がやってみせろ」と言い返した話など、想像しただけでも背筋が凍るエピソードは枚挙にいとまがない。

それでも、かのフルトヴェングラーに「ベルリン・フィルは練習が最もよく、ウィーン・フィルは本番が一番いい」と言わしめた、本番に強い演奏能力の高さは折り紙付きだ。

傍若無人で扱いづらく、制御の難しい奏者の集まりだが、彼らの生み出す音楽には、拒絶しがたい魅力がある。音楽を共に作る偉大な指揮者でさえもそうなのだから、その演奏を聴く観客の喜び、感動がいかに大きく、期待に満ちているかがおわかりいただけるだろう。

ちなみにフルトヴェングラーは、「彼らは私の言うことを聞くことは聞くが、結局自分たちのやりたいことをやっている」とも評している。昼間のリハーサルでは手を抜いていようが、おしゃべりがひどいと言われようが、「夜（本番）までにはなんとかなる」という楽観的な気質も感じる。この手の逸話はすでに数十年前のものなので、必ずしも今も古き良き気質がそのまま残っているわけではない。しかしながら、本来の国民気質のようなものはさほど変わっていないようで、私が立ち会った楽友協会での録音現場でも、エンジニアたちが熱心に議論したかと思えば、いきなりバッグからりんごを取り出して齧《かじ》り始めたり、大真面目な顔をして奏者に聞こえないよう演奏に対する皮肉を言いながら作業したりしていた。奏者にしても同じで、指揮者と演奏表現をめぐってやり合い、指揮者の言うことに堂々と反対意見を述べ、喧嘩をしたり無視したりする場面が見られる。決して唯々諾々と指揮者の言うことを聞く従順なメンバーではない。そうかと思えば、ステージ裏でついさっきまで喧嘩腰にリハーサルをしていた指揮者と冗談を言い合うようなフレンドリーさも持ち合わせている。気に入らない指揮者は二度とステージに立たせないし、オペラピットでもステージ上でも、指揮者を無視して自分たちの演奏をしたりもするのだ。ウィーン・フィルは、そうした誇り高き曲者《くせもの》揃いの奏者で構成されている。

12名の運営委員

ここからは、その運営の方法と組織の構造について詳しく見ていこう。

ウィーン・フィルハーモニー管弦楽団は、オーストリアの法律に則った非営利団体の「フェライン(協会)」である。その会則に基づき、現在147名の正会員(奏者)全員がウィーン・フィルの運営に参加し、収益が分配されている。団体の意思決定の最高機関は、全員が参加する総会である。1933年以降、ウィーン・フィルは常任指揮者を立てず、オーケストラがコンサートごとに指揮者を選ぶ方法を採用しており、音楽的な観点からもオーケストラ自身で全責任を負っている。これが彼らの音楽とその伝統継承の重要なポイントだ。

加えて、指揮者や演奏プログラムの選定などの音楽的な面だけでなく、奏者の報酬や決算の承認などの事務的な側面についても民主的に議論され、決定される。正会員全員に総会での投票権1票が付与され、会則の変更などの重要案件は、総会での多数決による厳密な採決が必要とされる。過去には1票差で採択されなかった議題もあったという。

日常の実務を担うのは12名の運営委員で、監査委員会も設置されている。そこに総会の議長職Vorstand（ドイツ語で「代表」の意。日本での慣例的な表記は「楽団長」、英語表記の名刺はchairmanと当てられているが、口頭でpresidentを名乗ることも）やGeschäftsführer（ドイツ語で「ビジネスマネージャー」の意。日本での慣例的表記は「事務局長」、英語表記ではGM、またはCEO）など4名の運営トップがいて、総会の選挙によって選ばれる。

楽団長や事務局長は、指揮者とのコンタクト、コンサートやツアー日程の調整や、プログラムの組み立てなど運営の実務を担う。指揮者とのコンタクトと聞くと、スケジュールとギャラの調整などの事務手続きを想像するが、それだけでなく楽団長や事務局長らが自らウィーン国際空港に指揮者を出迎えに行くなど、他の楽団ではマネージャーが担うような細やかな業務も行なっている。筆者も一度、指揮者リッカルド・ムーティと彼の妻をウィーン国際空港に迎えにきていた楽団長を見かけたことがある。ビジネスライクに相手をもてなす所作のようでいて、親しい友人に会える喜びがそこには見られ、奏者がビジネスマネジメントを行なうという彼らの面白さを垣間見ることができた。

奏者が所属するウィーン国立歌劇場や他国の招聘元との調整も、楽団長らの重要な仕事のひとつである。ウィーン国立歌劇場は、9月から6月のシーズン中、約300に及ぶオペラやバレエを上演しており、ほぼ毎日幕が上がっている。先述のとおりウィーン・フィルの奏者はみな国立歌劇場管弦楽団員であることから、歌劇場での演奏とウィーン・フィルの公演スケジュールとの調整が必要となる。ウィーン国立歌劇場の運営側と常に良好な関係を保ち、ひとたび問題が起これば彼らと交渉をするのも、楽団長と事務局長の大切な役割だ。対外的にはウィーン・フィルの顔として、楽団長と事務局長がメディア対応を行ない、オーストリアの他のオーケストラとの会合にも代表として参加する。2023年現在、楽団長は第一ヴァイオリン奏者のダニエル・フロシャウアー、事務局長はコントラバス奏者のミヒャエル・ブラーデラーが最初の任期3年の後に再選されて2期目を務めており、147名の奏者をまとめ、渉外にあたっている。

楽団長は「顔」、事務局長は「頭脳」

現在の運営体制で特筆すべきは、表に出て奏者をまとめる楽団長と、裏方を仕切る事務局長のコンビネーションの妙である。楽団長フロシャウアーは、元日にNHKで生中継さ

現楽団長ダニエル・フロシャウアー（Daniel Froschauer © Julia Wesely）

れているウィーン・フィルのニューイヤーコンサートでも、毎回のようにNHK単独のインタビューを受けている。インターミッションの間に生のコメントを出して日本語で挨拶しているのを見たことのある人も多いだろう。コロナ禍では国内外のインタビューに常に率先して答えており、ウィーン・フィルの顔としての役割を果たしている。

フロシャウアーはウィーン生まれ、父も祖父も音楽家である。父ヘルムート・フロシャウアーはウィーン少年合唱団出身で、ウィーン音楽院で学んだ後に指揮者となった。カラヤンのオペラで長く合唱指揮を担い、晩年はドイツ・ケルン放送管弦楽団の首席指揮者から名誉指揮者になっている。フロシャウアー自身もウィーン少年合唱団出身で、ヴァイオリンで頭角を現し、16歳でウィーン国立歌劇場のオーケストラピット入り。17歳からはザルツブルク音楽祭でウィーン・フィルの一員としてステージに立った。その際にカラヤンの指揮も経験している。

彼はいわば、生粋のウィーンの音楽家である。指揮者である父に連れられて、幼い頃から国立歌劇場や楽友協会に出入りし、舞台脇からオペラ公演を見て育っただけでなく、父から名指揮者カール・ベームや、ヴァイオリニストのダヴィッド・オイストラフなど数々の一流音楽家に引き合わされている。幼少期にウィーン少年合唱団で共に学んだ者たちが、その後彼と同じようにウィーン・フィルに奏者として入団していたり、歌劇場で歌手として活動していたりするなど、ウィーン音楽界でのネットワークが広いのもフロシャウアーの特徴だ。加えて、ニューヨークのジュリアード音楽院に進学したのちにウィーンに戻ったことから、世界中にジュリアード時代に得た演奏家やマネジメント側の人脈を持つ。地元ウィーンだけでなく、アメリカでの活動で培われたコミュニケーション力と国外へのアピール力が、コロナ禍の難しい局面でも発揮されたと言えるだろう。

また、あるウィーンの音楽関係者が「フロシャウアーの話し方や気の配り方は、ウィーンのお父ちゃんっぽい」と話すように、その人当たりのよい振る舞いによって他の奏者からの信頼が厚い。楽団長就任後は、生来の人懐っこさを落ち着いた態度に改めようとする努力もあったようだ。インタビューの際には常に姿勢を正しく保ち、両手の指先を軽く合わせるポーズをとる。前ドイツ首相のアンゲラ・メルケルと同じ仕草だ。これは会話中の中立的な態度を表しているとされ、フロシャウアー本人も「他の動きをしないように心がけている」と話していた。こうした努力によって、楽団長就任以来、威厳に満ちた姿勢が年々板についているように見受けられる。現楽団長は運営上の代表的な立場としてだけでなく、親しみやすさも持ち合わせる広告塔的な存在と言えるだろう。

一方の事務局長ブラーデラーもオーストリア出身だ。音楽家一家に生まれたわけではないが、その生来の努力家気質で、ウィーン国立音楽大学を最優秀の成績で卒業したコントラバス奏者である。落ち着いた佇まいと戦略的な物言いで抜群の交渉力を持つ彼は、事務局長職に就く以前、ウィーン国立歌劇場管弦楽団で歌劇場と演奏家の間で交わされる労働規約の交渉をする立場を担っていた。

ブラーデラーがその役職に就いていた2007年頃、オペラ公演の観客増によって国立歌劇場の収益が年々上がっていた一方で、奏者にその収益が還元されていなかった。そこで歌劇場を相手に給与アップの交渉を行なったのがブラーデラーで、膠着《こうちゃく》した状況の中で、「歌劇場が奏者の要求に応じなければ、幕が下りたままになる」とストライキを辞さない発言をしている。これがメディアに取り上げられたことがきっかけとなり、最終的にはインフレ率の上昇に伴って5パーセント以上の賃金アップを勝ち取っている。奏者のために強気な交渉を行なう一方で、奏者の勤務回数(オペラ公演数)の正確なカウントや指揮者との調整を冷静にこなした。こうした経験は、現在の運営とビジネス上の計画立案や契約にも生かされている。

フロシャウアー楽団長がウィーン・フィルの「顔」であれば、ブラーデラー事務局長は「頭脳」である。こうした役割分担が、現在のウィーン・フィルを牽引し、道筋をつけているのだ。

現事務局長ミヒャエル・ブラーデラー(Michael Bladerer © Terry Linke)

設立の「4つの目的」

続いてオーケストラの運営を具体的に見ていこう。ウィーン・フィルハーモニー協会会則の第一条「協会の目的」には次の記載がある。

1. コンサート音楽の振興
2. 病人、未亡人、孤児その他への援助の供与
3. 正会員及び準会員への支払い
4. この協会のための芸術的才能ある後継者の養成

ウィーン・フィルが設立された1840年代は、宮廷歌劇場の管弦楽団員とはいえ社会的立場は安定しておらず、奏者からは経済的自立や安定した収入が熱望されていた。設立時に奏者への支払いを明記した理由はそこにある。設立当初、宮廷歌劇場楽長であった指揮者オットー・ニコライらが、コンサート収益を奏者に配分するシステムの基礎を作った。1933年以降は常任指揮者を置かず、奏者が代表的立場を担うようになってからは、指揮者への報酬交渉も団員が行なっている。

さらに、定年退職になった奏者への年金支給や遺族への援助を行なうことも、会則の第一条に明記されている。現在、協会内では独自の年金制度が構築されており、65歳で定年退職した年金受領権利のある元団員たちへの支払い基金が存在する。実はこの年金制度は、ウィーン・フィル設立以来の懸案事項であった。現役の奏者が生み出した収益を退職者にも配分することに現役奏者の理解が得られず、制度の確立には長い年月を要している。

それを打破したのが、他でもない日本へのツアーであった。1992年、野村證券との日本ツアー契約の際、安定した来日計画による収益とスポンサー契約が実現。のちの楽団長であるヴァイオリニストのクレメンス・ヘルスベルクによれば、この収益計画と年金配分を総会に諮《はか》り、これまで何度も意見がまとまらなかった年金基金設立を採択したという。前述のとおり、コロナ禍においても彼らが日本ツアーを重要視したのには、こうした背景もある。

オーストリアの法律上、ウィーン・フィルは非営利団体の協会であることから、一般企業のように所有する資産価値を上げることや利益追求を目的にすることはできない。そこで、チケット収益などから指揮者やソリストのギャラなどの経費を差し引き、年金拠出のための積み立てを行なっている。

また、これ以外の内部留保した資金をもとに社会活動も活発に行なっている。2011年の東日本大震災の際には日本円で1億円相当を拠出し、サントリーと共に音楽復興基金を設立した。最近では2022年3月に、ウクライナへの支援として10万ユーロを寄付している。また継続的な社会活動として、病院への慰問演奏や教育活動が行なわれている。

独立採算制を取り、経営母体を持たない自主運営団体だからこそ、音楽活動の自由と共に、社会的な存在意義を高める施策を独自に行なう自由を持ち合わせているのだ。これについてクラリネットの首席奏者ダニエル・オッテンザマーは「すべての方向性に自分たちの音楽的バックグラウンドが反映されている」と評しているし、楽団長フロシャウアーは「誰に押し付けられているわけでもなく自分たちで決めて運営することで、音楽への責任感が増している」と話している。

奏者はどのように採用されるか

オーストリア＝ハンガリー帝国の皇帝による大規模な都市計画がなされた1869年、宮廷歌劇場であるケルントナートーア劇場から通りを挟んだ向かい側に新しい歌劇場が完成し、ここにオーケストラも居を移すことになった。現ウィーン国立歌劇場である。ケルントトナートーア劇場の跡地は現在、ウィーンの代表的なチョコレートケーキ、ザッハトルテ発祥の地としても有名なホテル・ザッハーとなっている。

新歌劇場は全てのスケールが大きくなり、音響面でもオーケストラの拡大が必要となったことで大幅な奏者の増員がなされたのだが、この歌劇場移転に伴う宮廷歌劇場付のオーケストラ団員の拡充が、現在にまで続くウィーン・フィルの採用制度が整うきっかけになった。このときの増員は急拵《ごしら》えだった面があり、これまで演奏技量の差で採用されなかった奏者も入団できることになった。そこで、それまで団員であれば誰でもウィーン・フィルとして演奏をする機会が与えられていた制度を変え、歌劇場職を得た演奏者に対してオーディションを行なう制度を新たに整えたのである。そこには演奏レベルを保つという表向きの理由だけでなく、報酬分配と当時まだ制度が確立していなかった年金基金設立に影響するという経済的な側面もあったようだ。

オーケストラ奏者になる手続きを詳しくみていこう。2023年現在ウィーン・フィルは正会員（演奏者）147名で構成されている。先述のとおり、ウィーン・フィルの奏者になるにはまずウィーン国立歌劇場管弦楽団員のオーディションを受け、国立歌劇場管弦楽団員にならなければならない。歌劇場の奏者となれば、ウィーン・フィルのオーディションを受けることができるというわけだ。欠員が出なければオーディションもないので、その機会は非常に限られたものである。ウィーン・フィルへの入団は任意なので、オーディションを受けるかどうかは奏者に委ねられている。

ただし、オーディションに合格しても、3年程度の待機期間がある。この期間にエキストラとしてコンサートやツアーに参加しながら、団員として認められるまで待たなければならない。オーディションそのものも狭き門だ。合格者なしという結果になることもよくあり、正会員空席のままエキストラに演奏を任せることも多い（他の奏者、特に同じ楽器の仲間が納得できる奏者が現れるまで正採用なしが続くことになる）。長期にわたって正会員になれずに待機のままという奏者もいる。試用期間が終了したのちに本採用にならない場合もある。

厳しく狭き門である一方で、元コンサートマスターであるライナー・キュッヒルのように、その演奏能力の高さを他の団員が直ちに認め、総会に諮られた場合、国立歌劇場入団と同時にウィーン・フィル奏者になれる者もいる。キュッヒルは当時21歳であった。あくまでも実力主義であり、他の奏者に認められるかどうかが大きなポイントなのだ。

この奏者選定のシステムについて事務局長ブラーデラーは「（採用基準は）演奏技術だけ

でなく、いかにウィーン・フィルの音楽に合うか、伝統的な音に調和できるかが大きな要因だ。つまり、我々の一員として演奏できるかどうかが、最も求められる資質だ」と述べている。また、楽団長フロシャウアーは次のように語っている。

「ウィーン・フィル奏者は一流のプロスポーツ選手と同じだ。常に自身を鍛え、多くのオペラのステージとウィーン・フィルの演奏で最高のパフォーマンスをあげ続けなければならない」

ひとりの演奏者として演奏技術が優れているのはもちろんのこと、他の奏者と調和する音と表現力を兼ね備えていることを高い水準で要求する。それがウィーン・フィルのオーディションである。

団員構成と多様性のジレンマ

ウィーン・フィルの奏者は1997年まで正会員は全員男性で、ウィーンで音楽を学んだオーストリア人がそのほとんどを占める、かなり同質性の高い集団だった。親子二代、三代や兄弟でウィーン・フィル奏者という団員も少なくなく、奏者の4分の1が親族に団員を持つ者で占められていた時期もある。

血縁者が多かったのは、ウィーンの音楽文化の特徴にも起因する。ウィンナーホルンやウィンナーオーボエに代表される特殊なウィーンの楽器の演奏技術は当地で習得するしかなく、オーストリア出身の奏者が圧倒的に有利だった。ウィンナーホルンは内径が一般的なフレンチホルンより狭く、高音域の倍音の幅が非常に狭いために音を外しやすいという特質がある。ウィンナーオーボエは上管部分に独特の膨らみがあり、音を変えるための指使いがフレンチオーボエより複雑である。

楽器の特徴に加え、ウィンナーワルツに代表されるオーストリア独特の音楽感覚や音感もまた、幼い頃の環境に左右される。物心つく頃からワルツやポルカを日常的に耳にし、年間数百回もの舞踏会が開かれる都市の土壌で育つことで養われる音楽感覚は、一朝一夕には得られない。それは例えば、私たち日本人が感覚的に盆踊りの手拍子を身につけ、裏拍で小節《こぶし》をきかせて演歌を歌うことができ、ヨナ抜き音階(ファとシを除いた音階)を受け入れやすいことに似ているかもしれない。オーストリアでは古くから各地方で民族音楽が育まれてきた。政治の中心都市で花開いたウィンナーワルツも今なお国民文化である。育った環境で無意識に育まれる文化的感覚の力は侮れない。抜群の演奏技術と表現力の高さを持つNHK交響楽団の現コンサートマスター篠崎史紀《ふみのり》でさえ、ウィーン留学時代、ワルツ曲の演奏技術の向上のために「踊る方のワルツも習え」と言われたというのだから、その体感と経験がどれほど重要かがわかるだろう。

ウィーン・フィルが閉じた血縁的世界であることには、こうした理由が絡み合っていると思われる。ウィーンに限らず、音楽家一家に生まれれば音楽家になるための教育環境に恵まれ、よい師に巡り会う可能性も高い。

以前に比べて少なくなったとはいえ、今でもこの傾向がなくなっているわけではない。2017年に急死した名クラリネット奏者エルンスト・オッテンザマーの長男ダニエル・オッテンザマーは、父と同じ首席クラリネット奏者である（弟のアンドレアスはベルリン・フィルの首席クラリネット奏者）。ウィンナーホルンの名手である首席奏者のヴォルフガング・トムベックは、同名の父も同じくウィーン・フィル首席ホルン奏者で、両名が同時期に所属していたことから息子にはJr.の呼称がついた（ちなみにJr.の息子ヨハネスもウィーン・フィルの第一ヴァイオリン奏者である）。ホルンのロナルド・ヤネシッツも父と同じくウィーン・フィル奏者となったし、長く楽団長をつとめたヴァイオリン奏者クレメンス・ヘルスベルクの息子ドミニクもヴァイオリン奏者、ヴィオラ奏者ハインリヒ・コルの娘パトリシアは第二ヴァイオリン奏者だ。

血縁関係がなくとも、オーストリア出身で子供の頃からウィーン・フィル奏者やその師から音楽を学ぶ機会を得た者にも利がある。元第一ヴァイオリン奏者のアルフレート・シュタールは教師としても有能で、一時期はウィーン・フィルのヴァイオリン、ヴィオラ奏者のうち、25名が自身の教え子であったという。楽団長ダニエル・フロシャウアーや、現在のコンサートマスターであるフォルクハルト・シュトイデも共にシュタールの弟子である。

こうして受け継がれてきた土着感覚と音楽教育が、ウィーン・フィルの唯一無二の音楽的特徴を形作っていると言えるだろう。

奏者にとってのさまざまなメリット

血縁の利を受けてキャリアの早くからウィーン国立歌劇場やウィーン・フィルの職を得る奏者がいる一方で、近年ではオーストリアの他のオーケストラや他国の楽団を経てウィーン・フィルを目指す奏者も増えてきた。ウィーン・コンツェルトハウスに拠点を置くウィーン交響楽団や、隣国ドイツの歌劇場などで経験を積んだのち、ウィーン国立歌劇場のオーディションを受けて移籍してきた奏者も多い。例えば近年指揮にも取り組んでいる、活躍めざましいファゴット奏者のソフィー・デルヴォーはフランス生まれだが、21歳でベルリン・フィルに入団し、24歳でウィーン・フィルに移籍した。20代にして世界最高峰のオーケストラふたつに入団し、さらにそのどちらでも首席奏者を任された逸材である。

世界のトップ演奏家が研鑽を積んでウィーン・フィルでの演奏を望むのにはさまざまな理由があるが、音楽的側面から見れば、ひとつは歌劇場でのオペラ演奏が日常的に叶うこと、もうひとつにはウィーン・フィルというシンフォニックオーケストラでの演奏との両立が実現することだろう。もちろん、ウィーン・フィルが持つ一流の指揮者との共演機会や世界中のホールでの演奏経験は、他のオーケストラではなかなか得られない。他の歌劇場付の管弦楽団では基本的にオペラかバレエの伴奏を行なうことが主で、交響曲の演奏機会は格段に少なく、一般的なオーケストラに所属しているとオペラを演奏する機会がほとんどない。日本のオーケストラでもそれは同じで、「オペラがやりたいから東フィル（東京フィルハーモニー交響楽団）に入った」という奏者がいるくらいだ（東フィルは新国立劇場で常にバレエやオペラ演奏を担当している）。

また、言うまでもないが、ウィーン・フィルに所属するというのは奏者自身が抜群の知名度とブランド力を持つということであり、その肩書きによってマスタークラスやソリストとしての他の仕事につながるポジションを手に入れやすくなる。これは奏者にとって経済的にも社会的にも大きなメリットのひとつだろう。そうした数多くの魅力的な要素がウィーン・フィルにはある。狭き門だが、それを突破したいと願う奏者が世界中から集まる所以である。

なぜ女性奏者がいなかったのか

とはいえ、地の利や男性、血縁優位で成り立ってきた彼らも、現在では世情に倣い、その試験や採用方針を転換している。ウィーン国立歌劇場の正会員採用では、出自や国籍、性別が採用基準を左右しないことはもちろん、オーディションではカーテン越しの演奏で合否を判定している。

ウィーン・フィルがもっとも遅れていたのはジェンダーバランスの問題だ。驚かれるかもしれないが、女性奏者の正会員採用が始まったのは１９９７年のことである。創設以来、奏者たちは「フィルハーモニカー」と呼ばれていた。これは他のオーケストラと一線を画すという音楽的賛辞を含む呼称だが、ドイツ語の男性名詞である。男女の雇用機会均等が世界のスタンダードとなり、１９８０年代にはオーストリアを含む欧米各国ですでに女性雇用におけるガイドラインや法律が制定されていた。もちろん当のウィーン・フィルも、奏者に力量があれば男女問わず採用したいという意向はあったようで、彼らの公式史とも言える『王たちの民主制——ウィーン・フィルハーモニー創立150年史』（1992年）の中で、著者である元楽団長のヴァイオリニスト、クレメンス・ヘルスベルクは、女性採用について「オーストリアの法律や規定とのジレンマ」があると述べている。

どういうことだろうか。オーストリアでは1990年代当時、妊娠や出産・育児に際して、公務員や教師、看護師などの職業に就く人は3年間休職でき（報酬はなし）、また必ず復職できる権利が認められていた。第二、第三子の出産を合わせれば合計6年、9年となる。一方、男性の場合は同様の権利は1年に限定されていた。

ウィーン・フィルはというと、男性奏者に対する出産育児休暇は国立歌劇場でもウィーン・フィルでも、退職者などの相応の奏者の代役が可能である場合にのみ認められていた。休暇中はCDなどの印税収入を除いて演奏料は一切支払われず、無給での休暇を強いられる。女性奏者を採用すれば、法律どおりの休暇を与えると、人数の少ないオーケストラで何年も席を空けるメンバーを抱えることになる。国の制度が整い厳格に運用されていることが、かえって現場の首を絞めることになった。非営利団体に属する個人事業主の集合体である彼らにあって、あえて積極的な女性登用をするという総意が形成できなかったのはここに理由がある。簡単に言えば、子供を産まない男性側の理解が進まなかったのだ。この点については当時、オーストリア国内での批判も相当あり、多数の政治家からも是正の声があがった。

しかし、これは何もウィーン・フィルに限ったことではない。女性の就業と子を持つことに対する現場の理解は必ずしも浸透していない。一非営利団体の女性登用が遅れたのも、その歴史や社会的背景の中にあって理解できないわけではない。比較的早い段階から働く女性への権利を保障したベルリン・フィルでさえ、カラヤンが熱心に働きかけた女性クラリネット奏者の採用が叶わなかった騒動などを経て、女性奏者が正式に入団したのは1982年のことだ。

ヘルスベルクは先の著書の中で、「男性跋扈《ばっこ》の構造が、ウィーン・フィルの伝統的楽器使用と同様に、その重要な構成要素となっている」として、これまでのウィーン・フィルの音楽と歴史が男性のみで培われてきたことを擁護し、「女性を採用することによって、オーケストラの名声に傷がつくのではないかという多分の怖れ、未知な要素への不安が潜む」と正直に吐露している。

しかし現代は、その懸念こそが逆にマイナス評価として作用する時代である。女性の妊娠・出産・育児の権利と共に、男性の父親としての権利の保障も同様に尊重されるべきであり、国の制度が整備されているならばなおのこと、リーダーには現場の意識改革の推進が求められる。また、外圧の影響も大きかった。当時アメリカはこうした動きに先んじており、カーネギーホールはウィーン・フィルに対して、1998年までに女性奏者がいなければ舞台に立たせないとする通牒を突きつけている。多様性に理解を示すことが時代に要求される正しい在り方であると理解したウィーン・フィルもまた、ヘルスベルクを筆頭に、1990年代後半から変わり始めている。

女性コンサートマスターの誕生

ちなみに、初の「フィルハーモニカーリン」(ドイツ語の女性名詞)になったのはハープ奏者のアンナ・レルケスである。ハープ奏者は伝統的に女性奏者の数が圧倒的に多く、オペラで必要なハープ演奏も女性が多く務めていた。ウィーン国立歌劇場でもそれは同じで、レルケスも国立歌劇場の奏者の一人だった。またシンフォニーの演奏にも必要な場面が多く、レルケスは26年間もの間、正会員の資格が得られないまま、彼らがハープを必要とするときにだけ演奏に参加し続けてきた。ウィーン・フィルがようやく彼女を正会員として認めたのは、彼女のキャリアの終盤になった1997年のことである。当時は本拠地であるウィーン楽友協会の控室に女性専用の部屋がなく、着替えにさえ苦労したという。加えて、舞台衣装の支給がなかったことなど現実的な問題もあった。

女性初のコンサートマスターとなったアルベナ・ダナイローヴァ

2011年にはブルガリア出身のアルベナ・ダナイローヴァが、ウィーン・フィルとして初の女性コンサートマスターとなっている。ダナイローヴァは1976年に生まれ、ドイツ・ハンブルク音楽大学などに通う。母国やドイツのオーケストラに所属したのち、ウィーン国立歌劇場、ウィーン・フィルの奏者となった。「ドイツ首相も女性だし、今や性別や肌の色で区別する時代ではない」と彼女が日本のメディアに語ったように、ダナイローヴァは「ミストレス(女性のコンサートマスター)と表現してほしくない」と言う。

しかしウィーン・フィルの他の正会員の意識は、それほど革新的ではなかったようだ。ダナイローヴァの国立歌劇場入団とコンサートマスター就任を振り返って、当時の楽団長ヘルスベルクは「簡単なことではなかった」と語っている。先述のように、オーディションに合格したのち本採用になるかどうかは、試用期間中の活躍と他の奏者からの評価にかかっている。ダナイローヴァがもしも本採用にならなかったら、その理由を対外的に説明しなければならない。実力の判断以外の思惑、つまり「女性がそのポジションに就くことを良しとしない古い意識しか持ち合わせない」という風評が広まれば、国立歌劇場やウィーン・フィル自体の信用に関わるだろう。

そう判断したヘルスベルクは、自らダナイローヴァのメンターを買って出たという。ダナイローヴァが良い楽器を使えるよう手配し(国立歌劇場もウィーン・フィルも、それぞれが所有している楽器を奏者に貸し出すシステムをとっている)、オペラのソロという大役を任せた。実力が十分発揮される機会があれば、他の団員は彼女の演奏の力量を公平に判断するはずだと、ダナイローヴァと他の奏者の双方を信用する姿勢をとったのである。

ヘルスベルクのこの采配が功を奏し、ウィーン・フィルは長い歴史の中ではじめて女性コンサートマスターを擁するオーケストラへと転換できた。ヘルスベルクは17年という長い期間楽団長を務めており、彼の楽団員への信頼と同様に、楽団員から彼への信頼も厚かった。ヘルスベルクのような旧時代の正統派奏者、そして楽団長でありウィーン・フィル音楽史の専門家が、女性コンサートマスターの誕生に尽力したことは、以後の女性登用や若手のための組織変革にも大きな影響を与えている。

こうした取り組みはその後も続き、女性奏者は試用期間やエキストラ採用を含め23名（2022年12月現在。正会員は19名）となった。だが正会員が147名であることを考えると、彼らにとってこの変革は始まったばかりとも言える。ただし、オーストリアでも日本と同様に、同職種における男女の賃金格差の是正を訴える世論があるが、この点についてはウィーン・フィルでは報酬に男女差がないことを公にしており、ある意味現代的と言われるようにすらなっていることも付言しておきたい。

団員のワーク・ライフ・バランス

近年、ウィーン・フィルでは定年を迎える団員が多く、入れ替わる形で若い奏者が増えていることから、楽団の平均年齢が下がっている。これに関して楽団長フロシャウアーは、「若い世代や女性が増えたことにより、これまでよりもワーク・ライフ・バランスや妊娠・

出産や子育てとの両立などを現実的に考慮しなければならない」と述べている。

ウィーン国立歌劇場管弦楽団員としてほぼ毎日のようにオーケストラピットで演奏しながら、同時にウィーン・フィル奏者としても働くことは、たとえ家庭を持たない単身者であっても負担の大きいダブルワークである。妊娠や出産の機会がある女性奏者はなおさらで、他の奏者と同じ待遇では無理が生じるのは当然のことだろう。男性だけの個人事業主団体として長く活動してきたウィーン・フィルには、女性の身体的差異に考慮した規約も規定もない。長期の産休・育休の扱いや、それに伴う年金制度への対応など、通常のギャランティ以外の福利厚生面の問題もある。こうした現実の中で近年、新たな対応が進められている。

今後の女性奏者の増加についてどう考えているか、楽団長フロシャウアーに話を聞いたところ、「今では逆にその質問自体が不自然だ。オーディションでは演奏をブラインドで評価する。ジェンダーが何であるかすら、すでに問題ではない」と回答した。ことさらにジェンダーの問題として取り上げるのではなく、どのような性別、世代、国籍でも等しく門戸が開かれ、等しく評価される時代であると答えを出しているようだ。

しかしながら一方で、かつてヘルスベルクが憂慮したとおり、この多様性ある正会員採用の方針転換によって、彼らの音楽的な特徴、ウィーンの楽器による伝統に則った特異な奏法と音楽的な差異が失われ、世界標準化してしまったのではないかという意見は散見される。ウィーン・フィルはある種、独特の辺境的な音楽文化を担っていた。ワルツなどに代表される民族的音楽性、楽器の特殊性に加えて、ウィーンという、ハプスブルク帝国では中枢の、その後は欧州の小国の首都としての土地性がもたらす文化である。そうして生まれ育った音楽を、その地で生まれ育った男性の音楽家のみが偏屈なまでに演奏するオーケストラが、古き良きウィーン・フィルであった。

そこには、俗に言う「ウィーン奏法」と呼ばれる独特な弦楽サウンドが存在しており、現在でもこの奏法を専門に研究している学者もいる。現在のコンサートマスターであるシュトイデもその一人である。そうした音楽の特徴は奏者間で受け継がれていくだけでなく、その音楽を理解する指揮者によっても伝承される。閉じたウィーン音楽界だからこそ残ってきたそれらの歴史や辺境的特徴は、グローバル化した社会では容易に失われてしまう。これはウィーン・フィルだけの問題ではなく、現在世界中のオーケストラが抱えている均質化への懸念である。それぞれのオーケストラが持つ特徴的な差異を失うことは、果たして音楽の世界にとってより良い未来なのだろうか。

第3章 ウィーン音楽文化と自主運営の歴史

土地の歴史からたどる楽団の形

年末のウィーンは一年で最も華やぐ時期である。ウィーン一区旧市街の道には、至るところに大きなイルミネーションが施されて煌びやかな景色となる。大晦日に見られるのは、街中で音楽を奏でる人や、それを取り巻いて見学したり、そこかしこで踊る人々。夕暮れの頃、ウィーン国立歌劇場では恒例のヨハン・シュトラウスのオペレッタ〈こうもり〉が上演される。着飾って観覧に行く人だけでなく、劇場前の広場で繰り広げられるパブリックビューイング目当ての人たちが歩道まで溢れる。東京よりも冷え込む大晦日の夜に、ダウンコートと帽子、マフラーという出で立ちでオペレッタを観る人たち。その群衆が集まる場所の少し先に、ウィーン・フィルの本拠地、ウィーン楽友協会がある。

ウィーン・フィル奏者の職場は、このウィーン楽友協会とウィーン国立歌劇場の二つである。〈こうもり〉の演奏に参加していないウィーン国立歌劇場管弦楽団のメンバーは、楽友協会の黄金の間で大晦日のコンサートを行なう。31日はソワレのジルベスターコンサートのため、ドレスアップをした観客たちがタクシーから降りてきたり、楽友協会隣のホテルインペリアルから出てくるのを目にすることができるだろう。

私は収録スタッフの一人として楽友協会の裏口から入る。この日ばかりは収録スタッフもエンジニアも、ジャケットを着てネクタイを締める。私もリハーサル時に着ていた自社ロゴの入ったパーカーを脱ぎ、エレガントなワンピースを纏《まと》う。観客の目に触れない裏方のスタッフもまた、こうした配慮をしているのだ。音楽を共に作る一員として。この大晦日を共に祝う一人として。ウィーンの音楽はこうしてあらゆる方面から作られる。

ウィーン・フィルという類稀なるオーケストラは、いったいどのように誕生したのだろうか。音楽の都として知られるウィーンは、有名なオペラ劇場やオーケストラがあるというだけで成り立っているわけではない。そこには政治や市民が一緒になって作り上げてきた歴史がある。その土地の歴史から、ウィーン・フィル誕生の歩みを辿ってみたい。

王侯と市民、双方向からの文化発展

ウィーンを首都とするオーストリアは、ヨーロッパ中部に位置し、第二次世界大戦後に永世中立国となった連邦共和国だ。モーツァルトの生誕地であるザルツブルク州をはじめとし、ウィーン特別市など9つの連邦州からなる。オーストリア、とりわけウィーンが芸術面で発展した要因は、ハプスブルク家の治世によるものが大きい。

神聖ローマ帝国皇帝家となったハプスブルク家は、1282年にローマ時代から交易主要地、また軍事要塞として栄えてきたウィーン近郊に拠点を築いた。以後その覇権は600年もの長きにわたって続いていく。

神聖ローマ帝国を大国に押し上げ、その後オーストリア＝ハンガリー帝国、そして第一次世界大戦まで中央ヨーロッパを支配したハプスブルク一族は、古くから文化教養、とりわけ音楽や絵画に高い関心を持っていた。豪華な建築物を絵画で彩り、そこに音楽を加えたのである。その華やかな文化生活は王宮を中心にウィーン市街だけでなく、近隣諸国の貴族にも広がっていった。

1625年には皇帝フェルディナント2世の皇后、イタリア出身のエレオノーラがウィーンでオペラを主催したという記録が残っている。オペラは神聖ローマ帝国の支配下にあったイタリアで流行しており、その娯楽性と共に芸術性の高さが広く知られていた。それが宮廷の地ウィーンにも伝わったのである。皇帝レオポルト1世においては自身も作曲家で、オラトリオ〈放蕩息子の帰郷〉や〈アブラハムの犠牲〉を作曲し上演を行なうなど、宮廷の音楽文化は本格化していった。

一方で、ウィーンから離れた地方貴族たちも、音楽家を雇い、独自の楽団を抱えて領地の文化基盤を作り始めた。その代表的な貴族が、ハンガリーのエステルハージ家である。

彼らはその財力で「ハンガリーのヴェルサイユ宮殿」とも呼ばれるエステルハージ宮殿を建立。後に「交響曲の父」と称される大作曲家ハイドンを1761年に迎え、宮廷音楽を担わせていた。

1773年、ウィーンから100キロほど離れたフェルテードにあるエステルハージ宮殿に、オーストリアの女帝マリア・テレジアが訪れた。音楽やオペラで歓迎を受けたマリア・テレジアはこのとき、「素晴らしいオペラを見たいのなら、エステルハージ宮殿を訪れるべき」と称賛したという。宮廷所在地ウィーンでは王宮内で室内楽の演奏を聴きながらお茶を飲み、会議を行なうなど、当時の音楽は王侯貴族の社交のためのものであり、また娯楽であった。こうして、宮廷所在地ウィーンとその周辺国の貴族たちの、音楽を通じた文化が発展したのである。

音楽を愛したマリア・テレジアの夫、皇帝フランツ1世は1741年、ウィーンにブルク劇場を建設する。ここでは主にフランスのオペラ座が公演をしていたため、当初は「フランス劇場」とも呼ばれていた。モーツァルトのオペラ〈フィガロの結婚〉〈コジ・ファン・トゥッテ〉やベートーヴェンの交響曲第一番の初演もここで行なわれた。また、1709年に開場していたケルントナートーア劇場が宮廷劇場としてその機能を吸収し、主にドイツ語のオペラを上演している。

オペラを中心とした音楽芸術の発展に不可欠な劇場が、こうしてウィーンに出揃った。モーツァルト、シューベルト、ベートーヴェンといった後世に名を残す偉大な作曲家たちが、この地での成功を夢見る下地が作られていったのである。

ただし、オーストリアの音楽文化はこのような王侯貴族の社交音楽として発展したことが強調されがちだが、その発展を考えるには、同時期の市民階級の草の根の動きも決して見逃せない。

18世紀後半のオーストリアでは、小規模で家庭的なサロンで、音楽をいわば「趣味」として演奏する市民が現れ始めた。その中で演奏技術を磨き、より大規模な合奏、つまりオーケストラでの演奏を希望する、ディレッタントと呼ばれる演奏愛好家が出現する。それぞれに生業《なりわい》を持ちながら、趣味で音楽を楽しむディレッタントたちは、その純粋であくなき音楽への欲求を膨らませ、ついには大編成のオーケストラを組んで自分たちでコンサートを開くようになった。コンサートチケットに価格をつけて販売し、広く一般市民にその演奏を開放したのである。また作曲家やその支援者の中にも、コンサートを開催し、興行収益をあげる人々が現れる。

一方で、ウィーンの宮廷歌劇場を中心とした貴族のオペラ公演も、一般に劇場を開放し、チケットを手に入れればオペラを観劇できるようになっていた。宮廷や貴族からと、一般市民からという、異なる二つのアプローチから音楽が市民へと広がり、ウィーンの豊潤な音楽土壌が出来上がっていったのである。

ウィーンの音楽とベートーヴェン

ウィーンを中心とするオーストリアの音楽芸術が、王侯貴族の社交文化と市民階級の文化という二つの方向で発展していく中で、この時代の特に重要な作曲家が現れた。ルートヴィヒ・ヴァン・ベートーヴェンである。

ベートーヴェンは1770年、神聖ローマ帝国ケルン大司教領（現在のドイツ）のボンに生まれた。ケルン選帝侯宮廷の優れた音楽家一族の中で生まれ育ち、幼い頃から英才教育を施されたベートーヴェンは、16歳になると当時すでに一流の作曲家として活躍していたモーツァルトに会いにウィーンに向かっている。ウィーンで大いに刺激を受けたベートーヴェンは一度ボンに戻るも、その後ハイドンに出会って才能を認められ、ウィーンで音楽家として生きていくことを願うようになった。1792年にウィーンに居を移したベートーヴェンは、その後故郷に帰ることなく、その生涯をウィーンで過ごしている。

ベートーヴェンは生まれこそ宮廷オペラに関係していたが、自身は宮廷歌劇に雇われることなく、その生涯を独立した音楽家として生きた。貴族に依頼された楽曲もあるが、オペラは〈フィデリオ〉ただ一作である。ベートーヴェンはいわゆる新興市民階級によって、その音楽活動を支えられていた。

生まれ故郷ボンからウィーンに居を移したベートーヴェンは、数年のうちに名をあげ、この世代の中で最も評価に値する作曲家と言われるようになっていった。交響曲第一番、第二番に始まり、ピアノソナタや弦楽四重奏曲などを次々と発表。これらベートーヴェン初期の古典的な様式を踏襲した明るい作風は、今も高く評価されている。

その後、耳の不調を感じ始めたベートーヴェンは、1802年、悲観のうちに「ハイリゲンシュタットの遺書」を書き記すが、その後絶望から復活を遂げた彼は、さらに精力的な作曲活動を行なう。モーツァルトやハイドンの影響が見られる初期の作風から抜け出して音楽の新様式を見出すに至ったのだ。〈運命〉の名で有名な交響曲第五番をはじめとした新しい作風は、この後クラシック音楽の新時代・ロマン派の流れへとつながっていく。

ベートーヴェンが苦悩の中で生きていた当時、貴族はその才能を欲して新しい作品を乞い、ディレッタントをはじめとした音楽愛好家の市民たちは自分たちでなんとかその作品を演奏しようと奔走した。ウィーンはベートーヴェンの音楽に支えられ、ベートーヴェンも曲を提供し、楽譜を売り、また演奏家たちと触れ合うなかで数々の作品を生み出していった。当時は常設のシンフォニーオーケストラが存在していなかったことから、演奏機会があれば宮廷歌劇場などのオペラ管弦楽団員やディレッタントを集め、一時的にオーケストラを結成して交響曲などの大規模な曲を演奏していたのである。ウィーンはすでにベートーヴェンに限らず、交響曲の父と呼ばれたハイドンをはじめ、モーツァルト、シューベルトといった優れた作曲家が交響曲を生み出していた。演奏機会を待つ数多くの卓越した作品に恵まれ、ウィーンの音楽は育っていったのである。

ウィーン楽友協会とは何か

1812年11月29日、音楽史の中でひとつの大きな転機となる出来事が起きる。王宮内のスペイン乗馬学校ホールを借りて行なわれた慈善大演奏会である。

当時オーストリアとナポレオンが率いるフランスは、20年に及ぶ戦争を続けていた。この間ウィーンは二度もフランスに占領され、一時は皇帝がウィーンから逃亡するなど暗い

ウィーン楽友協会

時期が続いている。しかし1812年にナポレオン軍がロシア遠征に失敗したことを機に、オーストリア内でも圧政を破り、新しい時代とその動きに目を向けようとする市民感情が高まっていた。古い時代の政治的規範も変化しつつあり、市民層が自ら社会に積極的に働きかけようとしていたのである。

驚くべきことに、この流れが音楽文化をも動かすことになった。そのひとつとして、ナポレオン軍から甚大な被害を受けたウィーン郊外アスペルンへの慈善活動として、アスペルンの人々に対する支援金を集めようと演奏会が企画された。賛同した演奏者は600人以上、観客は5000人を超えたという。当初の目論見を上回って大規模な演奏会になったことから、王宮のホールを借りることとなり、このことがさらに多くの人々の関心を集めた。演奏会ではヘンデル作曲の〈アレクサンダーの饗宴〉というイギリスの作品を、オーストリアの作曲家モーツァルトの編曲で〈ティモテウス、あるいは音楽の力〉として演奏するという、戦禍に苦しむ市民を励ますに相応しい試みとなった。市民が団結した結果、音楽が国を愛する気持ちを鼓舞する一助となったのである。

この慈善演奏会以前にも、ウィーンにはコンサート企画を行なう団体や協会はあった。しかし組織的な不備や財政上の問題を抱え、継続的な演奏機会を創出できる団体にまでは発展していなかったのが実情だった。しかしながら、音楽を愛する市民の熱意は社会的なうねりの中でさらに大きくなり、多くの音楽愛好家やディレッタントたちが、慈善演奏会を機に一致団結した。この動きによって発足したのが、前章でも触れた、現在のウィーン・フィルの本拠地「ウィーン楽友協会」である。

1812年（法的な正式認定は1814年）に507名の会員で始まった楽友協会は、当初ディレッタントのみで構成することを目指していた。しかしより高い音楽性を求めた結果、宮廷楽長のアントニオ・サリエリが賛同し、続いてシューベルトも参加することになる。さらには当時の皇帝フランツ1世の弟であるルドルフ大公が名誉総裁に名を連ねた。

こうして楽友協会は、単にディレッタントのサークル的活動でなく、音楽を高水準で広めていくことを目的として活動していくことになる。

ということで、現在楽友協会(ムジークフェライン)はウィーン・フィルの本拠地として知られているが、楽団とは別の団体名である。当時楽友協会には所有する建物がなく、演奏会場を借りてコンサートを企画運営してきた。ベートーヴェンにも作曲を依頼した書簡が残されている。ナポレオン戦争の終結後にヨーロッパ各国と領土分割が話し合われたウィーン会議(1814~1815年)中に、皇帝が演奏会の開催を楽友協会に依頼するなど、その知名度は高く、活動は広がっていった。また同時期に、後進の育成のための音楽院(現在のウィーン国立音楽大学)も創設されている。音楽を芸術的観点から高め、広めようとするこの団体が、ウィーンの音楽文化、音楽芸術発展の礎《いしずえ》のひとつとなっていったのだ。

楽友協会員をはじめとするディレッタントたちは、市民の音楽熱の後押しもあって、大規模な演奏会を次々に催した。ディレッタントのみでの編成で間に合わない場合には、宮廷歌劇場で演奏しているプロの奏者に参加を依頼する。またプロの奏者はディレッタントの演奏を指導することで収入を得るなど、音楽文化の発展はプロとアマチュアの両輪でますます加速していく。

「第九」初演の失敗

一方、オペラやバレエといった大作の公演を行なっていたブルク劇場やケルントナートーア劇場の宮廷歌劇場管弦楽団員は、間違いなく当時最も著名で卓越した奏者たちであった。彼らは偉大な作曲家（指揮者）と触れ合い、音楽的解釈を直に受け取ることを通して芸術性を高めていた。同時に歌劇場管弦楽団の中から選抜された、皇帝直属の宮廷音楽団も組織されている。宮廷歌劇場管弦楽団に所属する奏者であるということは、高い演奏技術と確かな表現力があるという証明になった。ケルントナートーア劇場では1814年にベートーヴェン唯一のオペラ〈フィデリオ〉の改訂版初演が行なわれていることから、楽団はベートーヴェン本人からも厚い信頼を得ていたものと考えられる。

1824年5月7日、ケルントナートーア宮廷歌劇場でベートーヴェンの交響曲第九番が初演された。ウィーン・フィルの持つ記録や歴史研究家の論文と照らし合わせると、この第九初演に参加した演奏者で、後にウィーン・フィル奏者となったのは12名ほどではないかと思われる。

当時、ベートーヴェンはすでに聴力をほとんど失っていた。この作品は結果としてベートーヴェン最後の交響曲になったわけだが、これまでと違い、初めて本格的な大編成の合唱とソリストを伴うものになった。演奏にあたっては、当時のケルントナートーア劇場管弦楽団員では人員が足りなかったため、エキストラとして団員の弟子やディレッタントなどを補充している。こうして結成されたオーケストラを、ベートーヴェン自らが指名したミヒャエル・ウムラウフが指揮した。

だが、この第九初演は残念ながら成功とは言い難い結果となってしまう。

いったいなぜ初演は失敗してしまったのだろうか。いくつかの理由が考えられるが、そのひとつに、リハーサルのための会場使用費や大規模な合唱団への報酬が嵩《かさ》んだ結果、コンサート前に総合リハーサルがたった2回しかできなかったことが挙げられる。また、歌唱部分が難しそうだと、実力のある歌手が降りたという話も伝わっている。

ベートーヴェンはリハーサル時に筆談で奏者や歌手に直接指示を出すなど、細かな部分まで要望を出していたようで、この初演に大きな期待を寄せていたことは想像に難くない。しかし、現在では世紀の大傑作とされる第九は、初演時にその充分な価値を提示できなかった。演奏終了後は感極まったように多くの拍手が送られたというが、ウィーンにはベートーヴェンの熱狂的な支持者が多く、この第九初演の実現に奔走した人々のある種の熱意が拍手となり、ベートーヴェン本人に熱いメッセージを送ったに過ぎないとも言われる。それを裏付ける出来事として、この初演から2週間後の再演では観客も少なく、興行的にも失敗に終わっている。この時ベートーヴェンは53歳、世を去る3年前であった。

初演失敗から22年後、作曲家ワーグナーは第九についてこう語っている。

「ベートーヴェンのあの偉大な曲を演奏するには、当時はまだ楽器も未発達だった。そして不本意ながらベートーヴェンは、自分が頭に描いたメロディの全てをあのオーケストラに演奏させられなかったのだ」

ウィーンの音楽愛好家たちも口々に述べた。「演奏技術の高い奏者だけのオーケストラで、ベートーヴェンの交響曲を聴かせてくれ！」「演奏技術の高い奏者はどこにいるんだ！　宮廷歌劇場管弦楽団員こそこの難解な交響曲の演奏に相応しい！」と。

高い演奏技術でベートーヴェンの優れた交響曲を聴きたいという市民の熱望は、決して消えることがなかった。常設のシンフォニーオーケストラが存在しなかった社会で、なんとしてもよい演奏で交響曲を聴きたいという願い。それが、〝交響曲を演奏するために宮廷歌劇場管弦楽団員から奏者が出される〟という、ウィーン・フィル誕生へのレールとなった。オーストリアの歴史、音楽の誕生と発展、王侯貴族が欲した音楽水準の高さ、そして、ウィーン市民の求める高い音楽への熱情が、世紀のオーケストラを生み出そうとしていた。

ウィーン・フィルの誕生

「オペラ歌劇場楽団員が、シンフォニーをやりたくてウィーン・フィルを作った」。これは日本で知られたウィーン・フィル設立の通説である。これまで述べたウィーン・フィル設立前の歴史と市民感情から考えると、これには齟齬《そご》があると言わねばならない。

先述の通りウィーンでは、1800年代にはすでに音楽は王侯貴族だけのものではなく市民階級にも親しまれていた。ベートーヴェンだけでなくモーツァルトやハイドンなどの作曲家が生み出した数多くの傑作は、ディレッタントらによって大編成の交響曲として演奏されていたのである。一方で、楽曲が演奏されればされるほど、より高度な演奏技術で聴きたいという民意が膨らんでいく。しかし、職業音楽家によって構成された常設のオーケストラは歌劇場にしかなかった。しかも彼らはオペラのためのプロのオーケストラであり、シンフォニーを常に演奏する楽団ではなかった。

こうした市民の渇望を汲んだのが、当時ケルントナートーア劇場第一楽長の指揮者、オットー・ニコライであった。

ドイツ人のニコライはウィーンで仕事をするようになって以降、当時の文化サロン的な役割を果たしていたカフェやレストランによく立ち寄っていた。そこで、音楽愛好家でジャーナリストとしても活動していたアウグスト・シュミットや、音楽評論で名を馳せ、自身も作曲を行なっていたアルフレート・ユリウス・ベッヒャーらに出会う。ニコライは彼らから1824年のベートーヴェン第九初演の話や、以来18年が経過した当時も満足のいく演奏に出会えないことを訴えられる。話を聞くうちに、徐々にニコライは民衆の熱望を理解し、次のように書き残している。

「ベートーヴェンの傑作を、聴衆に可能な限り立派に、自分の持つ手段で演奏すること。少なくとも最大に心を込め、愛と情熱を持って。それが私の義務であり、私の立場にあれば誰しもの義務である」

歌劇場楽長としてオペラの指揮をし、楽団をまとめる責任ある彼の立場から考える

オットー・ニコライ(1810~1849)

と、「上手いオーケストラでシンフォニーが聴きたい」と熱望されれば、その対象が所属する歌劇場管弦楽団員となるのはごく自然な流れである。ニコライにとってみても、オペラを中心とした活動以外で交響曲を扱えるとしたら、音楽家としての欲求も満たされる。同様の思いを歌劇場の奏者が抱いていても、なんらおかしくはない。

こうしてニコライは、宮廷歌劇場管弦楽団員にフィルハーモニーオーケストラ結成の相談をすることになった。当の宮廷歌劇場管弦楽団員も、毎日薄暗いオーケストラピットでオペラの演奏をするだけで満たされているとは言えず、また劇場付の奏者とはいえ、待遇が十分だったとは言えなかった。芸術家としての欲求と経済的な不満要素を解消できるとあれば、新たなオーケストラの設立は悪い話ではあるまい。音楽愛好家を中心とした、市民感情としてのフィルハーモニー待望論をニコライが橋渡しする形で、プロの演奏家たちはそれを自分事として捉えるに至ったというわけだ。こうして成立したのが、宮廷歌劇場管弦楽団員による、シンフォニーを演奏するための新しいオーケストラ「ウィーン・フィルハーモニー管弦楽団」である。

1842年3月28日、この新しいオーケストラによる記念すべきコンサートがレドゥーテンザール（宮廷内のホール）で開かれた。ベートーヴェンの交響曲第七番、レオノーレ序曲などから構成されたプログラムで、ニコライ自身が指揮を執っている。コンサートには皇帝一家の臨席があり、聴衆で溢れかえっていた。先に述べた通り、18年前にあの第九の初演を、ベートーヴェン自身の指示を受けて作り上げた奏者が12名ほどいたと思われる。彼らはベートーヴェンが初演で伝えた内容、筆談で受けた指示の記憶を辿ったであろう。そしてそれをニコライや共に演奏するものたちに伝えたと考えられる。ベートーヴェンの音楽を正統に繋いでいく、宮廷歌劇場管弦楽団員からなるシンフォニーオーケストラ、ウィーン・フィル誕生の瞬間であった。

このコンサート実現に尽力したニコライと、マスメディアを扇動して民衆の支持を得ることに奔走したシュミットとベッヒャーは、ウィーン・フィル創設の立役者として今もその公式史に名を残している。ウィーン楽友協会内にあるウィーン・フィル事務局の楽団長執務室には、設立当時の資料や楽団員の写真などが壁一面に飾られている。歴史の重みを感じさせる部屋だ。この楽団長執務室は各種報道の取材を受ける際に、壁の写真や絵が映り込むよううまくデザインされている。ウィーン・フィル創設者たちの理念の継承、オーストリアに伝わる音楽文化を守るという意思を言外に伝えているのだ。

ブルックナーとのすれ違い

ウィーン・フィルの公式ウェブサイトには「ウィーン・フィルほどクラシック音楽の成立とその歴史に深く関わっているオーケストラはないでしょう」と記されている。それは彼らの誕生の原動力と直接結びついた、ベートーヴェンのことだけを指しているわけではない。ウィーン・フィルを直接指揮し、また作品の初演を任せた作曲家にはヨハネス・ブラームスやエクトル・ベルリオーズ、フランツ・リスト、ロベルト・シューマン、アントン・ブルックナーなども含まれる。今も名を残す偉大な作曲家たちは、ウィーン・フィルとどのように関わっていたのだろうか。

ロマン派時代、19世紀ドイツで活躍した作曲家ブラームスは1862年、ハンブルクからウィーンに移住し、翌年ウィーン・フィルとコンサートを行なった記録が残っている。コンサートでは聴衆から作品に対する賞賛が得られず、リハーサルのやりとりでオーケストラと決裂するなど、およそ良好な関係であったとは言い難い。ブラームスがウィーン・フィルの対応に憤慨してコンサートを拒否したこともある。それでも楽団員からの音楽に対する評価は高かったようで、ブラームス本人の指揮により多くの演奏がなされた。今では楽友協会の中にその名を冠した「ブラームスザール」があるほど評価の高い作曲家だが、最初から多くを受け入れられていたわけではなかった。

19世紀の地元オーストリアの作曲家、ブルックナーはどうか。ウィーン・フィルとの関係は悪くなかったようで、1873年10月26日に行なわれた定期演奏会において、ブルックナーは自身の指揮によって交響曲第二番の初演を迎えた。これを成功させた次の日、彼はウィーン・フィルに宛てて次のような手紙を書いている。

「お願いがあります。この作品をあなた方に捧げてもよいでしょうか。あなた方の演奏より他によいものはどこにもありません。どうかこの好意を受け取ってください」

現在もウィーン・フィルのアーカイブに保管されている貴重な手紙である。しかし、これに対してウィーン・フィルがすぐに相応な返答をしなかったばかりに、この献呈が宙に浮いたままになっているというのだからいただけない。全くもってオーストリア的である。

何らかの提示や提案があっても、それがすぐに返答されないことは、現在でもオーストリア関係者とのやり取りで散見される。返事がない場合は、返事をしようと思いつつ他の優先事項に対応する間に忘れ去られているか、返事をどうするか考えるために寝かせている、という場合が多い。さもなければ単に返事をするに値しないと勝手に判断されているかだろう。提示した側は返事が必須であれば何度も依頼を重ねなければならないし、依頼が拒否されるのであれば、なおさら返信が必要だと訴えなければならない。

おそらくブルックナーのこの第二番献呈オファーも、ウィーン・フィル内での相談の必要、献呈されることで生じる実務的な負担、あるいはお披露目の必要性など、受理に伴う現実的な問題を内部で思案しているうちに、そのままになってしまったのではないだろうか。ブルックナーもその性格上、返事がないことに対して「自分の作品が気に入らないのだろうか」「献呈は歓迎されなかったのか」と悩んでいるうちに、返信の催促すら機を失した、というところではないかと想像される。その後ブルックナーは、返事のないウィーン・フィルを諦めて献呈の鞍替えを目論み、フランツ・リストへその打診をした。結局リストのほうでもこれが進められることなく、今もブルックナーの交響曲第二番献呈問題は解決しないまま宙に浮いている。気の毒な話だ。

余談になるが、現在のウィーン・フィル事務局長でコントラバス奏者のミヒャエル・ブラーデラーは、このブルックナーの遠縁にあたるという。しかも自身がそれを知ったのは本からだというのだから面白い。

ブラーデラーはあるとき、古書店で一冊のブルックナーに関する書物に出会った。ラテン語で記されているその本はブルックナーの出自系譜について書かれており、その中にブラーデラーの祖母と繋がりのある小さな村の名前を見つけた。何かに導かれるようにしてブラーデラーはその書物をどうしても読みたいと思うようになる。そこで、ラテン語の勉強をしながら読み込んでみると、なんと彼は自分の祖母の家系がブルックナーに繋がることを発見したのだ。

作曲家や演奏家に血縁を持つ奏者の多いウィーン・フィルの中にいて、大作曲家と縁があることはひとつのステータスである。特に音楽家の中で育ったわけではないブラーデラーのような実力派にはなおさらなのかもしれない。ラテン語を勉強してまで自身のルーツがブルックナーとクロスすることを願い、結果それが一つの事実としてそこにあったと知ったとき、ブラーデラーにはそれが自身の音楽への大いなる自信と誇りに繋がり、心の後ろ盾となったのではないか。

ブルックナーに関しては、2020年から指揮者クリスティアン・ティーレマンによるブルックナー全集録音のプロジェクトが続けられている。一人の指揮者でブルックナーを全て録音するのは初めての試みだ。さらにはパンデミックによって大幅に変更や中止が余儀なくされたツアーなどの空き日程で、当初予定になかった初期交響曲2曲（交響曲へ短調、交響曲〈無効〉ニ短調）の録音も追加された。この2曲はあまり取り上げられる機会がない作品である。こうした状況でなければ指揮者もオーケストラも、これらの作品に時間を割くことはできなかったであろうことを思うと、コロナ禍でもただでは起きないウィーン・フィルの強《したた》かさを感じる。

ワーグナー、マーラーとの関わり

多くの歌劇を残したドイツのリヒャルト・ワーグナーも、ウィーン・フィルとの関わりの深い作曲家のひとりだ。革命への参加や亡命などの政治的な複雑さを抱えていながらも、両者の関係は固かった。

当時ドイツの革命運動で主導的な役割を果たし、スイスに亡命していたワーグナーは、1861年にウィーン宮廷歌劇場を訪れた。ウィーン・フィルが演奏する自作品の楽劇〈ローエングリン〉のリハーサルのためである。また1863年には〈トリスタンとイゾルデ〉の演奏のために再度ウィーンに滞在した。だがこの公演では、じつに77回という膨大な数のリハーサルを行なった末に上演自体が中止となってしまった。これは、この大曲がやすやすと引き受けられる歌手に恵まれず、またワーグナー自身の金銭問題など、トラブルが続いたことによるものである。ウィーン・フィルの誇り高き面々から不満が出たことは想像に難くない。この作品はそれから20年後にようやくウィーンでの初演を迎えている。

初演時、ワーグナーは指揮棒を譜面台に置き、自分の動きを止め、奏者に自由に演奏させて、音楽に聴き入っていたという。なぜワーグナーはそんなことをしたのか。それまで十分にリハーサルを行なってきたからだろうか。だが、その後のワーグナーのウィーン・フィルに対する姿勢を見ると、そのときの演奏が「作曲者と指揮者の想像を超えて卓越していた」と解釈することもできるのではないかと思う。ワーグナーは作曲家の中でも堅物として知られていたが、そうであれば、ウィーン・フィルの演奏はそんな彼をも満足させていたということになる。

今でもウィーン・フィルの演奏の際、指揮者がほとんど動かない場面に出くわすことがある。カラヤンは指揮台の上で目を閉じていた。ダニエル・バレンボイムも腕を下ろして、しばらくの演奏を任せる場面が何度かあった。指揮者の腕を上回る演奏技量に流れを任せ、自由に演奏させること。その嚆矢《こうし》がワーグナーだったのかもしれない。

ウィーン宮廷歌劇場の芸術監督でもあったグスタフ・マーラーとは、因縁の確執が今に伝えられている。奏者のウィーン・フィルとしての立場と歌劇場管弦楽団員としての立場という二重の構造が、マーラーとの関係を複雑にしていた。宮廷歌劇場では芸術監督であるマーラーがその責任を持ち、演目の選択や演奏の方向性など、全ての立場が上になる。しかしウィーン・フィルと指揮者という立場ではそれが逆転し、奏者がマーラーに意見することになる。気難しい性分であるマーラーと、プライドの高い奏者の面々がそう易々と互いに意見を譲らないことは想像に難くない。当時マーラーがウィーン・フィルに宛てた、恨みがましさが透けて見える手紙は今もアーカイブに保管されている。

一方でマーラーは自身の交響曲の初演前に、ウィーン・フィルに依頼して試演を行なったこともある。「完成稿にする前に実際に音を聴いてみたい」というマーラーの願いに彼らが応えるほどには両者の音楽的な関係性が強かったと言えるだろう。奏者にとっても、個人的な感情や立場の違いを超え、マーラーの作品に対する芸術的興味に抗えなかったのかもしれない。だがこうしたことがあっても、結局両者は完全には和解しないままだった。

いずれにせよ、名だたる偉大な作曲家と一緒に作品を作り上げてきた歴史が、今のウィーン・フィルの根底にある。ハイドン、モーツァルト、シューベルト、そしてベートーヴェンという、古典派から初期のロマン派と呼ばれる時代の「うまく演奏されることを期待される」秀逸な作品が数多あった中で、時代に請われるようにして成立したオーケストラが、次の世代でまた偉大な作曲家たちと出会い、名曲が生まれる時代を作ってきたのだ。

ワルツ王とウィーン・フィル

ウィーン・フィルといえば、瀟洒《しょうしゃ》なワルツの調べを思い浮かべる人も多いだろう。主にニューイヤーコンサートで演奏されるシュトラウス一家のワルツは、ウィーンを代表する音楽である。しかしながら、彼らがワルツ演奏を認めるようになったのは、設立から80年後のことである。

創設当時、ウィーンではウィンナ・ワルツ一家のヨハン・シュトラウス1世が活躍し、ワルツは当初世俗的な流行と目されていた。ベートーヴェンの交響曲などを伝統に則って演奏することを目的としていたウィーン・フィルとはもともとソリが合わず、彼らも芸術的観点からワルツ演奏を意図的に避けていた。1902年にヨーゼフ・ヘルメスベルガー2世が特別コンサートを指揮した際に、「ワルツ王」ヨハン・シュトラウス2世作曲の〈酒・女・歌〉を演奏したことがあったが、それは「コンサート上の奇妙な現象」とさえ言われた。

そもそも、ヨハン・シュトラウス2世らを中心とするワルツ演奏をするオーケストラ楽団とウィーン・フィルとは、コンサートで観客を取り合う、いわばライバル関係であった。そのうえ、ウィーンでの人気はシュトラウス一家の方が上だった時代もある。そうした中で、ヨハン・シュトラウス2世が47歳のときに初めてウィーン・フィルと共演することになった。彼は楽友協会での演奏会を指揮したのだが、これは計画されたものでなく、ウィーン・フィル側の指揮者が急病になったことによる代役であった。指揮者探しに奔走し、背に腹は代えられない状態にあったウィーン・フィルが妥協した形ではあるが、これをきっかけに両者の距離が近くなったことは、のちの音楽文化にとって非常に有益だったと言えるだろう。ウィーン・フィルは今でも公式サイトで、シュトラウスとの当初の距離感を、「芸術と娯楽という種類の差である」と示している。

そして、そのウィーン・フィルがシュトラウス一家のワルツに対する意識を決定的に変えた。それはアルトゥール・ニキシュが〈美しく青きドナウ〉をウィーン・フィルの演奏で取り上げたことにある。1921年にウィーン市ブルクガルテンで行なわれた、ヨハン・シュトラウス記念像の除幕式でのその演奏は、たちまち市民の間で評判になった。「ウィーン・フィルが演奏すれば、ワルツはさらに美しいのだ」と、ウィーン中が知ったのだ。ウィーン・フィルもニキシュの指揮により、ワルツの中にある煌びやかな音楽性を認めざるを得なかったのだろう。

のちにウィーン・フィルは、このワルツ王一家の作品をニューイヤーコンサートの中心に据え、海外公演のアンコールでも演奏するようになっている。さらに1924年には、ワルツの演奏を中心とした舞踏会を主催するようにもなった（舞踏会については後述）。ワルツ音楽と距離をとっていたオーケストラとは到底思えない変容である。つくづくウィーン・フィルは、音楽的な信念に頑固な一面と、時代に合わせて柔軟に変化する一面という、両極端な面を併せ持つオーケストラだと思わざるを得ない。

特別公演で演奏された〈ダース・ベイダーのテーマ〉

近年の作曲家とウィーン・フィルとの話題で忘れてはならないのが、ハリウッド映画音楽の巨匠、ジョン・ウィリアムズについてである。「ジョーズ」「E.T.」「インディー・ジョーンズ」「ジュラシック・パーク」といった、世界的に大ヒットした映画の作中音楽を作曲したウィリアムズは、印象的なテーマ創造に加えてその卓越したオーケストレーションで人気の高い作曲家だ。映画のためにハリウッドでオーケストラの録音を行ない、またロサンゼルス・フィルハーモニーが映画音楽のコンサートを行なった際には自身でタクトを振っている。

しかし、ウィーン・フィルは映画音楽を定期演奏会で演奏したことはなく、シェーンブルン宮殿の庭園で行なわれるサマー・ナイト・コンサートで、クラシック音楽以外の音楽を取り上げる程度だった。そんな中、２０２０年1月、ウィリアムズを指揮者に迎えて、彼の作曲した映画音楽のみでのコンサートを行なったのである。映画音楽でありかつ、指揮者自身の作品のみで構成されるコンサートは前代未聞のことだった。さらには、当初のプログラムには予定されていなかった、映画「スター・ウォーズ」の代表曲〈ダース・ベイダーのテーマ〉をコンサートの数日前に急遽追加している。ウィリアムズ本人はこの曲が管楽器、特にホルンの負担が大きいため、ウィンナーホルンで演奏する彼らに配慮してプログラムには入れていなかった。にもかかわらず、当のホルン奏者からの希望でリハーサル時に演奏曲として入れることが決まったという、自主運営ならではのエピソードが残っている。ウィリアムズはウィーン・フィルの演奏を「今まで聴いたことのない美しく素晴らしいダース・ベイダーだった」と評した。

クラシック音楽の伝統的な演奏だけでなく、ウィーン・フィルはその音色をもって、現代の音楽にも彩りを添えている。

ジョン・ウィリアムズとは彼の90歳の誕生日を記念して、2022年3月にも再び共演した（John Williams © Terry Linke）

音楽的特徴を作った二つのコンサートホール

この章の最後に、偉大な作曲家たちと共に作り上げてきた彼らの音楽的な特徴について述べておきたい。

ウィーン・フィルの音楽が特徴的だと言われるのは、数々の作曲家と共に作り上げてきた音楽解釈や表現の伝承と、ウィンナーホルンやオーボエに代表されるウィーンの独特な楽器にあると先に述べた。そのうえで、もう一つの重要な要素として、ウィーン国立歌劇場のオーケストラピットと、楽友協会の黄金の間という二つの施設設備の音響環境が、彼らの音楽的な特徴を育んだことを忘れてはならない。

現在のウィーン楽友協会のコンサートホ

ールが完成したのは、ケルントナートーア劇場の落成からおよそ160年後、1870年のことだ。ウィーン・フィルのメンバーは歌劇場でオペラやバレエを、楽友協会のホールでシンフォニーを、といった形で、二つの環境で演奏をするようになった。二つは音響的に異なる魅力のあるホールであり、日常的に二つの場所で演奏することで彼らはその音を進化させてきた。

現在のウィーン国立歌劇場のオーケストラピットはお世辞にも広いと言えず、お互いの腕が当たりそうな位置で演奏している。この狭い空間でお互いの音を聴き合いながら、オーケストラの上部後方で歌う歌手の声に耳を澄ませて音楽を作っているのだ。ハプニングが起これば指揮者を無視してでもなんとかして歌手に合わせようと演奏する技術は、やはりオペラ管弦楽団のなせる業《わざ》である。9月から6月のシーズン中に300以上という公演を毎日のように行なっていることが、ウィーン・フィルのアイデンティティの一つだと言っていい。その一方で、本拠地として定期演奏会やニューイヤーコンサートを行なう楽友協会「黄金の間」の複雑かつ芳醇な音響空間は、彼らの音をさらに特徴づけている。

ちなみに、先にも述べたように、彼らがウィーン楽友協会の建物を本拠地としているので同一視されることがあるが、ウィーン・フィルとウィーン楽友協会は全く別の団体である。ウィーン・フィルは定期演奏会やリハーサルのために楽友協会の黄金の間を借り、使用料を支払っており、また建物の中に事務局や楽団長執務室などを間借りしている（ウィーン・フィルのチケットセンターは楽友協会からほど近いリング通りに面した店舗にある）。楽友協会はウィーン・フィルとは別の法人であり、両者はその設立ごろから協力体制を維持している。定期演奏会とは別に、楽友協会が主催するコンサートにウィーン・フィルを招聘して開催されているものも多い。同じオーケストラが同じホールで演奏するので同一視されがちであるが、成り立ちの違うコンサートなのである。

楽友協会の黄金の間は直方体の「シューボックス型」で、一階席は約1000席、二階席はコの字になったバルコン作りで、立ち見席を合わせても最大収容人数が2000人ほどのホールである。築150年を超える建物の内部は未だ木製の床や手すりを残しており、ステージの床板は歩くたびにミシミシ、ギシギシとひどい音がする。音を立てずに歩くのが困難なほどだ。壁面いっぱいに黄金の女神の彫刻が立ち並び、ホールの絢爛《けんらん》さをさらに際立たせている。上部には夕暮れ時に美しい西日が差し込む窓がある。

こうした壁や窓の装飾が施されていることで、ホール内にほとんど平らな壁がない。それによって、音の反響が複雑化しているのだ。また、狭く古いステージの後方は上部にパ

ウィーン楽友協会の「黄金の間」(写真提供：AP/アフロ)

イプオルガンを設置しているため屋根の上になっていて、音が籠《こも》りやすい。この部分にコントラバスを一列に配置するのが、ウィーン・フィルのオーケストラ配置の一つの特徴である。オーケストラの最も低音を、音が籠る場所から鳴らすことによって、前方には時間差で音が塊になって伝わってくるのだ。一歩間違えば、このシューボックス型の古いホールは、低音を鳴らしすぎて音割れする。ダイナミックレンジが広ければよい(最小音量と最大音量の比が大きいと、より躍動感が得られる)というセオリーが当てはまらない難しさがあるのだ。

ベルリン・フィルの本拠地であるフィルハーモニーホールと比較するとわかりやすいか

もしれない。両者の音の響き方はかなり異なる。フィルハーモニーホールは「ヴィンヤード型」と呼ばれ、すり鉢状の一番底の部分にステージがあり、ヴァイオリンの高音などはステージを取り囲んで高い位置にある客席まで澄んだ音を遠く飛ばせる一方で、低音がすり鉢の底に溜まり気味になる。これを解消し、調和した美しいハーモニーにするため、迫力のある強い低音群を作り出さなければならないのだ。これらが作用しあって、あのベルリン・フィルの持つ力強いサウンドが作られている。ちなみに、東京のサントリーホールは形状がこのフィルハーモニーホールに近いことから、ベルリン・フィルの本来の音に近い音楽作りで来日公演を楽しむことができる。

ウィーン・フィルは複雑な音響を持つ楽友協会のホールで、コントラバスが支える音楽のベースを、前列の管楽器や打楽器奏者が聞き分けて音を重ねていく。そして最前列、つまり最も客席に近いヴァイオリンがそれを耳で捉えながら演奏する。指揮者がタイミングを指示する以外に、奏者がそれぞれに自分たちの音を繫げる中で構築する音楽こそが、ウィーン・フィルの音楽の最も特徴的な部分だ。「ウィーン・フィルは大きな室内楽である」と言われる所以がここにある。

楽譜で言えば、各奏者が指揮者のタイミングで「音を縦に合わせる」だけでは、楽友協会の黄金の間を美しく響かせることはできない。オペラで歌手の歌声に沿って奏でること、他の奏者の音を聞き分けること。この二つが並んで実現するところにもまた、彼らの歴史が垣間見える。

クラリネット首席奏者であるダニエル・オッテンザマーはこう述べている。

「自分がソロを吹き始めると、他の楽器奏者が自分の音を注意深く聴いているのがすぐにわかる。これはとても稀なことで、他のオーケストラでは味わったことがない」

こうした本拠地ホールの音の響き方が、オーケストラの音の伝統を生み出しているのだ。

第4章　戦争が落とした影

「政治的」なツアー

ここまで、ウィーン・フィルの独特な組織体制と、それが生まれた独自の歴史と風土、様々な音楽家との関わり、危機に際しての立ち向かい方から、彼らが何を守ろうとしているかを探ってきた。ウィーン・フィルはその歴史の中で、音楽的伝統を継承するという輝かしい大義名分を頑《かたく》なに、そして堅実に守っている。

しかし一方で、多くの伝統ある組織がそうであるように、時代時代で社会に求められることに柔軟に対応し、うまく立ち回っているようにも見える。判断を見誤らず、時代の要請をうまく利用してきた結果、180年の長きにわたって存続してきたのだろう。

そうした都度の時代状況の中でも、極限の社会事象が「戦争」である。

戦争の世紀としての20世紀は、かつてない規模の国家間の争いが頻発し、国家は国民を発揚、市民は熱狂し、結果として多くの人命が失われた。オーストリアという国もまた、その激動の時代に翻弄されてきた。そんな時代の中で、ウィーン・フィルという、オーストリア土着の風土と密接に結びついたオーケストラは、時代とどのように折り合ってきたのだろうか。

近年ウィーン・フィルは自らを「音楽大使」として「音楽で橋渡しをする」オーケスト

ラと称しており、永世中立国オーストリアの文化産業の中枢を担う団体と自負している。しかしながら、彼らは必ずしもはじめから平和外交を担っていたわけではない。その歴史の中で何度も戦争による存続の危機が訪れた。

そのひとつが第一次世界大戦である。偉大なるコンサートマスターであり、楽団長でもあったワルター・バリリはインタビューで「ウィーン・フィルの歴史はこれまでも決して平坦ではなかった。第二次世界大戦中もそうだ。しかし私が思うに、第一次世界大戦の頃が、最もウィーン・フィルの存続が危ぶまれる厳しい時代だったのではないか」と語っている。

1914年、第一次世界大戦の開戦から2週間後、ウィーン・フィルは戦死者の家族と孤児のための最初の慈善コンサートを無報酬で行なっている。こうした慈善活動に対する対応の早さは今も同じだ。その後1年間で11回、4年間で計30回の慈善コンサートを引き受けている。

だが、現代の感覚からするとそんな慈善活動と矛盾するようだが、この頃のウィーン・フィルでは、メンバーの大半が戦争にもドイツ・オーストリアの同盟にも賛成の立場だった。政治的文脈でコンサートのプログラムを作ることもしばしばで、政治色が濃い時期だったと言っていい。

とはいえ、無報酬の慈善活動を多く続けるには限界があり、歌劇場から許可が下りないことを表向きの理由に、慈善活動への参加を断るようになっていった。これはウィーン・フィル内で政治、戦争に起因する活動への拒否反応が起こったわけではなく、仕事量の増加に対応できなくなったのが理由だと考えられる。加えて戦争に伴う人事的・経済的制約があったことが大きい。

人事的制約としては、1914年の開戦時には奏者26名（全奏者のおよそ4分の1）が、翌年には37名もの奏者が徴兵された。その穴埋めはなく、ポストが空席のまま演奏活動が続けられた。経済的制約としては、慈善コンサートが無報酬だったことに加え、戦争債の拠出や国への寄付による財政難である。それらの負担がオーケストラ内に不信感となって積もり、一層慈善コンサートを断ることが増え、ますます政府や軍部との関係が悪化していった。ウィーン・フィルとしては国家との協調か、さもなければ解散・解体か、という事態である。

この財政難を乗り切るため、ウィーン・フィルは1917年12月1日の定期演奏会から、ゲネプロ（本番同様に行なうリハーサルのこと）をコンサートとして公開する体制に変更した。

こうすることで、チケット収益を上げる回数が単純に2倍になるからだ。これは現在も続く定期演奏会のスタイルである。これによって伝統的な正規の演奏活動の知名度が増して活動が活発化し、結果として慈善のための依頼演奏会を引き受けやすくなった。つまり、独自公演のブランド力が増して収益が増え、政府依頼の慈善活動もしやすくなるという、収益性と国への貢献という両方を叶えることができるようになったわけである。こうした強かさとビジネス戦略は、当時の彼らがどこまで意図していたかは別にしても、古くから持ち合わせているようだ。

こうしてウィーン・フィルは、第一次世界大戦の終結までに、慈善コンサートや外国ツアーなどで内政、外政共にプロパガンダ的な仕事が増え、政治との関わりが深くなっていった。先に述べたようにウィーン・フィル内ではドイツ・オーストリア同盟国のナショナリズム意識が強く、反チェコ、反フランスの傾向があった。チェコにルーツを持つ団員が、国粋主義的イベントへの参加に嫌悪感を表明したことで除名された事例もある。

１９１７年、ウィーン・フィルは政府の要請によりスイスツアーを行なった。第一次世界大戦の中立国との友好関係のアピールという、極めて政治的な文脈の公演である。ちなみに同時期にはベルリン・フィルが、同じく中立国であるスカンジナビア諸国へツアーを行なっている。

二つのオーケストラによる中立国へのツアーは、内容の面でも「政治的」であった。フランス語圏ではベートーヴェンを、他の町ではチャイコフスキーなどを選んでプログラムを構築しているからだ。戦時下において、演奏プログラムの構築はそのまま政治的な思惑に直結する。友好国出身の作曲家であることや、その出自をもって指揮者を選ぶことなどがそれである。スイスのフランス語圏で、あえてドイツ出身のベートーヴェンの演奏を行なうことはその最たるものだ。

芸術を政治的視点で選別するという歴史が、ここに始まってしまった。ウィーン・フィルの音楽芸術の水準の高さは当時からヨーロッパに広く認知されており、その知名度がオーストリア政府の「平和創造」と「民族団結」のメッセージを掲げる広報として利用されたと言っても過言ではない。ウィーン・フィルの知名度の高さが権力者に利用されるという前例を作ってしまったのだ。

帝国の崩壊と存続の道

1916年11月21日、皇帝フランツ・ヨーゼフ1世が逝去。これがハプスブルク家による統治の終焉《しゅうえん》のはじまりであり、歴史が変わりゆくきっかけでもあった。ウィーン・フィルも皇帝の追悼コンサートを行なっている。

1918年に第一次世界大戦が終結し、オーストリア＝ハンガリー帝国が崩壊。帝国瓦解はすなわち、宮廷財産の再編成を意味する。ウィーン・フィルの母体である宮廷歌劇場も私有化や解散がまことしやかに噂され、混乱につながった。結局、宮廷歌劇場は国有化され存続できたのだが、そうなったのは、当時の社会の中に音楽を含むウィーンの芸術の価値が広く認められていたからだろう。大戦中に政治的意図を持って活動を行ないながら、その芸術性を国内外に知らしめたことが、結果としてウィーン・フィルの知名度を上げることにつながった。国の意向に加担したとはいえ、慈善活動を通して民意を得ていたことも大きい。

皇帝の庇護の下で発展してきた歌劇場は、こうして管轄元が変わっても存続の道が残された。この時期、すでに録音技術が広まりつつあり、ドイツでは名門レーベルであるグラモフォンが始動している。幸いなことに、この頃のウィーンやザルツブルクでの彼らの演奏の録音は現存しており、今も聴くことができる。モノラル音源でノイズも多いが、それでもこの時期特有の演奏のおおらかさを感じられる。

そして何より、その音の中に、この時代の緊張感やある種の切迫感が垣間見えるのだ。それらを聴くにつけ、貴族社会の中で生まれ育ったウィーンの音楽の一時代が終焉し、戦禍をくぐり抜けて、新たな局面で生き残れる場所に辿り着いた奇跡を思い知らされる。

ウィーン・フィルはそうして一つの時代を乗り越えた。だがこのときの経験は、続く第二次世界大戦の時代で生かされただろうか。

人種による解雇

1938年3月13日。ヒトラー率いるドイツ軍がオーストリアを併合し、ここにオーストリア共和国の独立性が失われることとなった。ウィーン・フィルはこの頃、以前よりナチ党(国民社会主義ドイツ労働者党)員であったコントラバス奏者、ヴィルヘルム・イェーガーを楽団長としている。イェーガーはのちにナチス親衛隊の副隊長を務めている人物である。

象徴的な出来事としては、例えば1938年3月15日のコンサートにヒトラーを招待しようとし(この試みは成功していない)、同年4月22日、23日にはベルリンのナチ党首脳陣の前で演奏を行なっている。ウィーンではオーストリア由来の祝典を取りやめドイツ的な催しを行なうなど、楽団の方針に政治的な色が増していった。

とはいえこのナチ党員の楽団長も、演奏者の選定だけは頑なに伝統を守る姿勢を貫き、政治的動機によって入団したのは1名に留まった（この1名も終戦後に解雇されている）。激しい社会的圧力の中でも、「ウィーン・フィル奏者になるためには誰しもにオーディションが設けられ、国立歌劇場管弦楽団員からしか採用されない」という立場を明確にしている。

そのように、音楽的水準を維持するという大義名分の下で、ナチ党支配下の社会においても強気な姿勢をとっていた彼らだったが、一方でそれを根本から揺るがすような判断もまた行なっている。それはユダヤ人またはその縁者であるという理由で、現役メンバーのウィーン・フィル楽団員資格を剝奪《はくだつ》し、国立歌劇場職も解いたという一件である。

信条・人種による解雇は、1938年9月1日までに11人の奏者が対象となった。ユダヤ人以外でも政治的所信ゆえ、あるいは主に配偶者（この頃のウィーン・フィル奏者は全員男性なので配偶者は全て妻を指す）がユダヤ人という理由で追放、場合によっては命を奪われている。ウィーン・フィル150年史にはこの時期に21人のメンバーを失ったと記載されている。第一次世界大戦時に37名が徴兵されて以来の大きな損失である。これだけの現役メンバーが欠落すれば、音楽的伝統の継承に支障が出てもおかしくはない。また、１９３８年以前も、メンバーの２割がナチ党に所属していた。開戦後の１９４２年には１２３人のうち60人がナチ党のメンバーになっていた。さらには、自主独立体制そのものが脅かされる事態も忍び寄っていた。１９３８年、ナチスの行政組織の管理下に、国立歌劇場などと共にウィーン・フィルも編入され、それまでの組織を解散し、編成の変更を強いる通達がなされたのである。

朋友フルトヴェングラーの亡命を見送って

当時のウィーン・フィル運営メンバーらは、これを阻止するために手を尽くして党幹部に働きかけた。この時期に彼らに手を貸し尽力したのが、名指揮者ヴィルヘルム・フルトヴェングラーである。

１９３８年12月にウィーン・フィルは、ウィーン・フィル協会（フェライン）と国立歌劇場管弦楽団が芸術上の自由と独立を確保するため「ある一定の条件」を提出した。それは、歌劇場管弦楽団は「帝国オーケストラ」を名乗るが、指揮者の選定などの音楽的決定は運営と区別させるというものである。つまり、事実上ナチスの支配下にありながらも、演奏活動においては独立性を保つということである。

この交渉のため、当時ナチ党の中枢に通じていたフルトヴェングラーは、ナチ党の宣伝相ヨーゼフ・ゲッベルスに直接交渉を行なったという。だが指揮者選出の自由は拒否され、公式な文書での合意には至っていない。ただし実際には、フルトヴェングラーをはじめハンス・クナッパーツブッシュ、クレメンス・クラウス、ウィレム・メンゲルベルクなど、それまで彼らと近しい関係で評価も高かった指揮者との共演が実現しており、自由度はある程度担保されていたと言える。

演奏プログラムに関しては、アーリア人やドイツ文化を賞賛するプロパガンダとして、ハイドンやベートーヴェンといった古典派やロマン派の音楽が過半数を占めた。リヒャルト・シュトラウスなど枢軸国や友好国、イタリアやハンガリーの作曲家の音楽も演奏されていたが、一方でアメリカと近しい関係にあったテオドール・ベルガーなど、権力側にとってはあまり都合のよいわけではない作曲家の初演も行なっている。ナチスによる方針に縛られざるを得なかったものの、この時代においても、彼らは音楽的な自立性を示そうとしていた。

ウィーン・フィルの芸術面での独立を守るために尽力したフルトヴェングラーは、第二次世界大戦の開戦後もドイツやオーストリアでユダヤ人音楽家の救済や保護にあたっていた。だが、ナチス首脳陣と近い間柄にあった一方でそうした活動を行なう曖昧な立場が災いし、逮捕状を出される事態にまで至っている。

１９４５年、終戦間近であった1月27～29日に、フルトヴェングラーは楽友協会の黄金の間で、ウィーン・フィルの定期コンサートとラジオ放送のための演奏を指揮した。この公演の直後、フルトヴェングラーはナチスの監視を抜け、オーストリア国境を越えてスイスへと亡命を果たしている。ナチス体制下で共に音楽の存続を願って戦った一人の朋友《ほうゆう》を、彼らはこうして見送った。一説によると亡命の際、監視の目を逸らすためウィーン・フィルの面々が一役買ったとも言われている。彼らにとっては、創立意見書にあるように、ベートーヴェンの音楽をこのうえなく理想的に演奏するために、それまでの伝統を継承し、楽団を存続させることこそが至上命令である。さもなければ存在意義はない。その最大の窮地を救った指揮者の亡命は、ひとつの時代を乗り切った区切りでもあったのだろう。亡命直前にフルトヴェングラーがウィーン・フィルと演奏したのは、ドイツ生まれの作曲家であるブラームスの交響曲に加え、ナチスに侵攻されたフランスの作曲家セザール・フランクの交響曲もあったことも、あわせて付け加えておきたい。

ウィーン・フィル版「躓きの石」

政治的理由によって第二次世界大戦前後に多くの奏者が追放されたのみならず、体制側のプロパカンダに利用され、ヒトラーの誕生日を祝う演奏会さえ行なった。その活動は都合のよい立ち回りであったかもしれない。

一方で彼らは音楽芸術の独立性を守ろうと苦心していた。結果として、当時の体制下で最も重用されていたベルリン・フィルと比較されながらも、併合や取り潰しを逃れて存続することができた。この時代の活動と取り組みについて、現在ウィーン・フィルは多くの時間をかけて研究をし、また資料を提供することで学術論文の執筆を支援している。2020年のロックダウン中に整備された公式ウェブサイトでは、文書保管係(アーカイバー)の公式発表だけでなく、多くの歴史学や社会学の専門家による文書をPDFでダウンロードできるようになっている。ナチス・ドイツ時代を正しく検証し、対応を続けるという意思表示がされていると言える。

音楽の面でも、ウィーン・フィルはナチス体制下で活動した音楽家と距離を取り、適切なスタンスを取っている。

そのひとつが、2020年のニューイヤーコンサートでお披露目された、ヨハン・シュトラウス1世作曲〈ラデツキー行進曲〉の新編曲だ。この曲は元々、オーストリア出身の作曲家でナチスに入党し、党の文化・音楽活動に協力したことで知られるレオポルト・ベーニンガーが編曲したものであった。ウィーン・フィルとしては、編曲者として残るその名前を排除する必要があった。長い時間をかけて楽曲の個々のパートで書き加えや編集が行なわれ、オリジナルの編曲とは異なるものになっていたこともあり、各楽器パートで編集を整理し、それを元に新しく総譜を作り直したのである。こうした「非ナチ化」は、今も彼らにとって重要な活動である。

指揮者アンドリス・ネルソンスを迎えたこの年のニューイヤーコンサートは、筆者も12月26日のリハーサルから本番まで全てに立ち会った。奏者の間ではこの楽譜変更に特段の感慨はないように見えたが、現地の報道やコンサート中継の前の報道では「ナチスからの脱却」として大きく取り上げられていた。

戦後処理はさらに進められる。2022年2月17日、ウィーン・フィルは「躓《つまず》きの石」の完成を発表した。これは、ナチス統制下で亡命を余儀なくされた奏者や強制収容所などで死亡した奏者ら17名の名前を刻んだ黄金のプレートのことである。「躓きの石」のプロジェクトは、ナチスの被害者を追悼する活動のひとつとして1992年にドイツで制作が

2022年に完成した「躓きの石」（©Julia Wasely）

始まった。ウィーン・フィル版「躓きの石」に協力しているのは、オーストリア・ウィーン3区のSteine des Gedenkens（シュタイネ・デス・ゲデンケンス）という団体である。直訳は「追憶の石」となるが、日本では「躓きの石」と紹介されている。プレートはウィーン・フィル・アーカイブに残る犠牲者らが最後に暮らしていた住所の前に、順次設置される予定となっている。

ロシアのウクライナ軍事侵攻を受けて

こうして、ウィーン・フィルは音楽的伝統の継承と発展という純粋な芸術的側面だけでなく、政治的な面でも時勢に対処する術を身につけ、それを経験として蓄積している。2

022年2月に始まったロシアのウクライナ軍事侵攻への対応にも、そのことは色濃く表れていた。

2022年2月24日、ウィーン・フィルはパンデミック後初となるアメリカツアーのためニューヨークに到着していた。指揮者ヴァレリー・ゲルギエフ、ピアニスト、デニス・マツーエフという二人のロシア人を伴って、ニューヨーク・カーネギーホールやフロリダでの公演を行なう1週間程度のツアーの予定だった。

実はウィーン・フィルは、このアメリカツアーの数週間前から、ロシアとウクライナの緊張状態に危機感を募らせていた。ゲルギエフがプーチン大統領と親しい間柄にあることは周知の事実だったからだ。アメリカへ発つ前日、ウィーン・フィルはニューヨーク・タイムズから取材を受けている。この取材に対し楽団長フロシャウアーは「ゲルギエフは政治家ではなく、音楽家である。我々は音楽で橋渡しをしようとしているのだ」と答えて彼を擁護し、ツアー開始を明言していた。一方で、ゲルギエフに対してはアメリカツアーが無事終わるまでメディアに対してコメントしないよう要請し、ツアー準備を進めている。

だが、ゲルギエフがアメリカに着く前に、ロシアがウクライナに侵攻を開始してしまった。ウィーン・フィルは別便ですでにアメリカに入っていた。ウクライナ軍事侵攻のニュースが世界を駆け巡ったその直後、カーネギーホールとウィーン・フィルは指揮者とピアニストに代役を立てることで合意している。コンサート前日の交代という、前代未聞の事態である。

ウクライナへの侵攻が始まった日、カーネギーホールは対外的に完全な沈黙を貫いた。ウィーン・フィルもまた一切の取材対応を行なわなかった。この間ウィーン・フィルは20人以上の指揮者、ソリストの関係者に電話連絡し、代役を探し続けていた。過去に彼らと共演歴のある演奏家から順にあたったわけだが、彼らと共演するレベルの奏者は数年先までスケジュールが埋まっている。代役探しは困難を極めた。

コンサート当日である翌25日、先に指揮者が発表された。ヤニック・ネゼ＝セガンである。ネゼ＝セガンはこのときニューヨークで別のオペラ公演を間近に控えており、ニューヨークでリハーサルを行なっていた。その間を空けてゲルギエフの代役を了承したのである。そして同日、ベルリンからピアニストのチョ・ソンジンが到着。前日夜に連絡を受け、早朝の便でニューヨークに飛んできた若きピアニストが、この代役を引き受けたのである。彼のカーネギーホールへの到着を待って、開演数時間前にようやくピアニストの名前が正式に発表となった。ソンジンは初共演であり、しかもリハーサル時間はコンサート直前の数時間のみしかない。ウィーン・フィルとしては大きな賭けであった。

それでも、ラフマニノフのピアノ協奏曲第二番、交響曲第二番という予定されていたプログラムの変更もなく、素晴らしい演奏で無事公演を行なうことができた。2011年チャイコフスキー国際コンクールピアノ部門で第3位入賞、2015年第17回ショパン国際ピアノコンクールで優勝という卓越した演奏技術を持つ、当時若干27歳のチョ・ソンジンは、前日夜のオファーから早朝のベルリンを発ち、サンドウィッチをかじっただけで満員のカーネギーホールに登場した。そして世界最高峰のオーケストラに引けを取らず、気迫溢れる演奏をしたのである。指揮者ヤニック・ネゼ＝セガンも丁寧なアンサンブルを引き出していた。

観客は彼らに満場のスタンディングオベーションを贈った。それはクラシックコンサートというよりメジャーリーグのそれであり、ニューヨークの音楽愛好家がどれだけこのパンデミック以後初の彼らのコンサートを熱望していたかの表れであった。同時にそれは、若きソリストと指揮者への賛辞であり、ロシアの武力行使で開催そのものが危ぶまれたコンサートが実現したことへの安堵でもあったのだろう。

良くも悪くもトッププランナー

しかし、結果的に公演を無事終えられたからよかったものの、このアメリカツアーにおける指揮者とソリストの変更騒動について、運営はなぜプランBとは言わずとも、めぼしいアーティストのスケジュールを事前に押さえていなかったのだろうか。

その理由のひとつに、ウィーン・フィルと主催者カーネギーホールとの足並みが揃っていなかったことが挙げられる。ウィーン・フィルは二度の世界大戦やその後の混乱を乗り越えた運営手法を継承しており、政治や社会情勢における当事者意識が高い。またコロナ禍にロックダウンから再始動するため政府に直接働きかけた直近の経験や、パンデミック中の国外ツアーを実現させた苦労の中で、政治的対応力と判断力が増していた。実際にそれらの経験値から、ロシアのウクライナとの緊張状態が悪化していた数週間前にはすでに、ウィーン・フィルはカーネギーホールに対して対応の代案を相談していた。しかし、カーネギーホールの動きは鈍かった。ウィーン・フィルとしてもツアーそのものの中止は避けたい。主催者はカーネギーホールであり、招聘されている側のウィーン・フィルは先方に従うのが筋である。両者で協議はなされたものの、事態への温度差は否めず、代案の検討や決定までには至らないまま、懸念は現実のものとなってしまったのである。

ロックダウンからいち早く通常演奏を再開したというのは、ウィーン・フィルが音楽世界のファーストペンギンの立場を選択したということだ。ロシアのウクライナへの軍事侵攻の際には、図らずも再びそのポジションを取ることになってしまった。アメリカ側が、プーチンに最も近い指揮者とされるゲルギエフのプライベートジェットの着陸許可を出さなかったからではという政治的推測は別にしても、「ウィーン・フィルがロシア人指揮者とソリストを交代させた」という最初の事例を作ってしまったのである。この交代の公式発表は、カーネギーホールとウィーン・フィルの連名である。通常であれば招聘元がコンサート開催の責任として出演者の交代をアナウンスすれば済む。しかしこの件は決定の責任を双方が負う形で発表された。

仮にツアーが軍事侵攻前であれば、フロシャウアー楽団長が事前のニューヨーク・タイムズの取材で「我々は音楽で橋渡しをしようとしているのだ」と話したように、ゲルギエフを伴ってツアーを行なっただろう。そしてもし仮にこの軍事侵攻が1ヶ月早かったら、現状を見ながら指揮者だけ交代するか、またはゲルギエフを伴っての公演の手段を講じたかもしれない。前日のタイミングで政治的安全策を取ったために、ウィーン・フィルはこのツアーの音楽的なリスクを負った。

繰り返しになるが、図らずも今回の戦争においてもまた、ウィーン・フィルが他の楽団に対して前例を作る形となった。現在のクラシック音楽界では、ウィーン・フィルが何をしたかがまるで「判例」であるかのように取り上げられることが多い。２０２０年に世界中がパンデミックとロックダウンを繰り返す中で、海外公演である日本ツアーを敢行できたのはウィーン・フィルだけだ。その後このツアーは、バブル方式でのオーケストラのツアーのモデルとして世界中で参考にされている。

録音・音源制作技術の分野においても同様だ。２０１９年にソニーが開発した立体音響技術、360 Reality Audio システムの最初のオーケストラ作品はウィーン・フィルのニューイヤーコンサートライブ録音である。これがオーケストラ演奏における新しい立体音響技術の先駆となった。業界はウィーン・フィルが何をしたかを常に見ている。好むと好まざるにかかわらず、ウィーン・フィルはトップランナーでありファーストペンギンだ。その意味で、戦争開始のタイミングでウィーン・フィルがロシア人音楽家を交代させてしまったことは、その後に続く他の楽団や組織の、ある種の言い訳になってしまったことは否めないだろう。

ウクライナへの態度表明

ロシアのウクライナ軍事侵攻に伴うウィーン・フィルの対応後、世界のオーケストラが同様にロシア人演奏家に対する選別を始めた。ロシアのマリインスキー劇場の総監督であるゲルギエフは、他国の団体から「戦争とその首謀者であるプーチンへの反対声明にサインしないと今後の出演はない」と最後通牒を突きつけられ、それにサインしなかったことで、ミュンヘン・フィルハーモニー管弦楽団の首席指揮者のポジションや、ロッテルダム・フィルハーモニー管弦楽団の音楽祭企画の契約を打ち切られている。

一方、ロシアと関わりのある奏者が、SNSなどでロシアの軍事行動に反対する声明を発表した場合には、「音楽家として」の立場が尊重される傾向にある。主に西側諸国は、ロシア人だからというわけではなく、戦争に対する主義主張やプーチン政権を支持するかどうかが問題だという姿勢を取っているが、その線引きが曖昧だ、人道的ではない、という意見もあることは確かだ。ロシアのオーケストラが海外の音楽祭やコンサートのために出国できない、招聘のためのビザが下りないといったことはあるが、ソ連時代の作曲家ショスタコーヴィチの曲は演奏されるなど、芸術と政治は別だとする動きもある。日本ではロシア人作曲家のコンサートの中止や演目の変更など、過敏な対応が増した。

こうした中、アメリカツアーを終えて母国へと帰国したウィーン・フィルは、すぐに対応を行なった。ウィーン・フィルのロシア人奏者とウクライナ人奏者の伴奏で、ウィーン国立歌劇場バレエのソリストと共に、ロシアの作曲家であるチャイコフスキー〈白鳥の湖〉のパドゥドゥの動画を制作したのである。この動画はORF（オーストリア放送協会）で放送された。紛争中である両国の芸術家が共演することで、ウィーン・フィルのスタンスを表明したのである。さらにその直後、ORFや赤十字社らが始めたウクライナ救済計画に緊急支援として10万ユーロを寄付している。

ビジネスマンとしての奏者

アメリカツアーではロシア人指揮者ゲルギエフらを排除したウィーン・フィルだが、彼らは必ずしもロシアに縁のある音楽を否定しているわけではない。実際アメリカツアーにおいても、ロシア出身のラフマニノフやチャイコフスキーの曲を、ツアー中のプログラム変更をせずに演奏している。芸術に国境はなく、出身国や国籍によってその価値は左右されないこと、文化の力は戦争によって消滅しないこと、これらを音楽を通して主張することが現在の彼らの考え方と言えるだろう。

この姿勢を誤解なく伝えるため、彼らはこの時期、取材対応や公式発表に神経質すぎるほどの慎重さをもって対応している。平時であれば公のプレスカンファレンス以外にも非公式の取材対応はあり、また広報スタッフを介さずとも運営陣に直接話を聞くことは可能である。しかし、ロシアのウクライナへの軍事侵攻が始まった頃から、ウィーン・フィルは広報を通したコメント以外の発表を一切行なわなかった時期がある。

私は当時、ある雑誌で楽団長フロシャウアーへの取材記事を連載していた。フロシャウアー楽団長の生い立ち、受けた音楽教育をはじめ、ウィーン・フィルの今と歴史が交差する内容を語る内容で、２０２２年2月半ばに次号分「第一次世界大戦中のウィーン・フィルの苦慮と対応」を趣旨とした次号原稿が上がっていたのだが、この時次のような連絡が入った。

「ロシアが戦争を始めたこの時期に、１００年前のこととはいえ、ウィーン・フィルと戦争の関わりを語ることはできない。全ての文章を差し替えてほしい。内容は次の文をそのまま日本語訳として使うことを求める。一切の加筆や変更は許可できない」

それはいつになく強い口調での要請であった。しかも差し替えられるべき原稿は、彼らの公式発表としての戦争への姿勢が綴られた文である。日本語への翻訳と原稿構成の際に一切の変更をしてはならない、直訳のみを認めるという強い口調での依頼は、このときが初めてであった。それほど彼らはロシアのウクライナ軍事侵攻とその対応に関して、万が一にも政治的な間違いを起こさないよう、厳格な配慮を行なっていた。

ウィーン・フィルは世界最高峰の演奏技術と歴史を持つ、知名度の最も高いオーケストラである。その事実がこの団体を大きく見せてはいるが、実際のところこのオーケストラは、147名のプロの演奏家が個人事業主として集まった、小さな団体に過ぎない。提携する弁護士や会計士、一部の事務を担う補助的なスタッフが数名いるのみだ。経営を担う運営委員も、決してビジネスを熟知したプロフェッショナルではない。彼らのビジネスマン顔負けの下準備や交渉、有事での対応力を見ていると、この根源的な事実を忘れそうになる。「できるビジネスマン」としての側面を持つ彼らが、自らその演奏会で楽器を弾いているという事実を。

第5章　王たちの民主主義

帝国に根を下ろした「王たちの民主制」

これまで「経営母体を持たない」という組織の特異さに焦点を当てながら、ウィーン・フィルというオーケストラがいかに生まれ、どのような経験を蓄積し、何を守ろうとしているか、その組織的な伝統の在り方を探ってきた。

一方で、彼らに180年の歴史があるように、風雪を耐えて生き残っていく団体が、時代に応じてその伝統を少しずつ変化させていくことは自然なことである。ウィーン・フィルはどのようにして土着の音楽文化の中で伝統を守りながら、改革を行なっているのだろうか。

2017年に新楽団長に選出されたダニエル・フロシャウアーはこう言った。

「まず一番大切な私の仕事は、各奏者全員が何を考えているのかを丁寧に聞くことだ。どの指揮者が好きだとか、どの歌手を呼ぼうだとか、子供が病気だとか、自分が何をしたいだとか、とにかく耳を傾ける。批判的になったり、そんなことは重要ではないと簡単にジャッジしたりする姿勢を見せてはならない。そうしないと誰も私に本音を話さなくなってしまう。それはオーケストラの崩壊に繋がるだろう。全ての奏者の声に耳を傾ける。それが私の仕事の最も重要なことだ」

147名の奏者全てが個人事業主の集まりであり、かつ意思決定の最高機関である総会の議決権を持つ。奏者は一流の演奏技術を持ち、それぞれに音楽的背景があり、大学教授などの肩書きを持つ面々だ。それらの独立した面々をして、元楽団長のクレメンス・ヘルスベルクは「王たち」と称し、その運営形態と合わせて「王たちの民主制」と呼んだ。君主たるものが集まり、そこに民主主義を敷く。矛盾する二つの単語を並べたヘルスベルクは「ウィーン・フィルにおいて、その他の在り方は考えられない」と述べている。

他方、ヘルスベルクが楽団長を務めた時期の事務局長、フルート奏者のディーター・フルーリーは、ウィーン・フィルを〝親密な関係〟という意味合いで「家族」と称した。これは現楽団長フロシャウアーも同じで、「運営上の問題でどんなに揉めていたとしても、それは一時的なもので、話し合ってじっくり解決することができる。家族と同じだ」と、個人主義の独立性を重視しながら、そこには親密な関係性が含まれていることを示している。

この両立は簡単なことではない。練習から本番まで常に顔を突き合わせる面々の、ともすれば近すぎる関係性の中で、楽団長は対話を常に求め、事が起これば多数決で解決するこの運営方法は、とても効率的とは言えない、時間と手間のかかるものだ。若手が不満を口にすれば年長者たちが苦言を呈する、という世代間の対立もある。指揮者選定やプログラムの決定といった音楽的な面だけでなく、収益配分や休暇調整など、個人の事情や感情に左右される問題もある。それでも彼らはオーケストラのマネジメントを第三者に委託せず、180年もの間、自主運営を続けている。

実はこれまでに何度か、他の楽団のように事務局を設置し、奏者は演奏に専念した方がいいのではないかという意見が出たことがあった。しかしその度に、彼らはそれを採択しなかった。全ての選択と決定に自分たちの音楽的主張、音楽家としてのバックグラウンドがあるからこそ、よい演奏ができるという信念を持っているのである。

王たちが民主制を採ることによってのみ、ウィーン・フィルはこれまで幾多の戦争や社会的動乱の中でも、団結して生き抜くことができた。第1章で見たように、この度のパンデミックの中にあっても、ブランドの価値を落とさない方法で対外的にその存在感を示しながら、音楽の再始動のために政治的に動いている。オーストリア=ハンガリー帝国という君主制国家の元に生まれた一地方の小さな楽団が、1842年ですでに民主制を採用し、それを構築していたことは驚きに値する。

グロスバウアーの積極的な改革

一方、歴史ある「王たちの民主制」と言えば聞こえはよいが、それが馴れ合い主義、事なかれ主義の温床となり、積極的な改革を阻むこともある。痛みを伴う変化よりも、現状維持のままで自分の演奏者人生を全うできればいい。そう考えるメンバーもいるだろう。

そうした変化に重きを置かないウィーン・フィルに改善の必要を見いだし、改革に乗り出したのが、前楽団長アンドレアス・グロスバウアー（楽団長職2014年9月〜2017年9月）であった。

17年という長きにわたり楽団長を担っていたクレメンス・ヘルスベルクの後を継いだグロスバウアーは、新体制の中で時代や世情に合わせた改革を推進する。歴代の有名指揮者だけでなく、新たな視点で共演歴のない指揮者やソリストを選び、新しいファン層を獲得しようと模索した。中国出身でアメリカで学んだ若きピアニスト、ユジャ・ワンとの共演や、南米・ベネズエラ出身で当時若干35歳の若き指揮者グスターボ・ドゥダメルをニューイヤーコンサートの指揮者に抜擢《ばってき》したことなどである。後述するが、ニューイヤーコンサートはウィーン・フィルにとって特別なイベントである。これまでは少なくとも数年以上、数十回以上の共演歴のある指揮者から慎重に選定するのが通例であり、共演歴の浅いドゥダメルの起用はまさに革新的な決定だった。

また、第3章で触れた、ハリウッド映画音楽の巨匠ジョン・ウィリアムズとの企画を成立させたのもこの時期である。共演は当初2018年に予定されていたが、ウィリアムズの病気によりパンデミック直前の2020年1月に延期。とはいえウィリアムズとのコンサートは一大センセーショナルとして各国に報道された。一シーズンに一度、存命の作曲家の作品を作曲家と共に演奏し定期演奏会を作り上げてきた伝統はあるものの、映画音楽でのそれは前代未聞だったからだ。ウィリアムズが楽友協会に現れると、世界中からやってきた映画ファンが押しかけ、ホールの楽屋口には出待ち、入り待ちの人々が殺到。コンサート開始の際も、指揮者でもあるウィリアムズがステージに上がるために歩いてきただけで、満場のスタンディングオベーションとなり、観客はそれぞれスマートフォンでその登場を撮影し、SNSにアップしていた。

こうしたことは通常のクラシック音楽の演奏会では見られない。いつもと違う客層で埋まったホールは異様な熱気に包まれた。このときに録音されたライブアルバム「ジョン・ウィリアムズ　ライブ・イン・ウィーン」はドイツ・グラモフォンから発売され、その年のクラシック音楽アルバムの売り上げ1位を獲得、日本ゴールドディスク大賞クラシック・

アルバム・オブ・ザ・イヤーにも選ばれている。

見た目は普通、演奏は一流

パンデミック下で感染予防策が必須だった頃、ウィーン・フィルは金色でロゴがプリントされた黒い布マスクをオリジナルに製作し、ステージに上がって着席するまで全員が同じものを使用していた。またオーストリア政府の規制変更に合わせて不織布高性能マスクが必要になった際も、黒一色の不織布で金色ロゴ入りのオリジナルマスクを新たに作り、全員が使用するようにしていた。お揃いのマスク姿は、彼らの統制力を見せつける格好の機会であった。

しかし、今でこそこうした見た目にまで細やかな配慮が行き届いたステージを作り上げるウィーン・フィルだが、最初からそうだったわけではない。むしろかつては、どちらかと言うと「見た目は普通、演奏は一流」。よく言えば質実剛健、悪く言えば煌びやかなステージに上がるわりには見栄えに配慮されていない地味なオーケストラであった。それが変わったのが、楽団長グロスバウアーの時代である。

グロスバウアーの改革のひとつに、楽友協会内のウィーン・フィル執務室のインテリアを一新したことがある。事務室然とした机に書棚という、何のこだわりもない無機質なオフィスを、メディア対応の際に際立つように、色味や家具の格調を整え、深いグリーンと茶色を基調とした落ち着いた雰囲気に作り替えた。楽友協会の他の部屋に比べても断然見栄えがする一室だ。また、この部屋の壁には歴史的な写真などが効果的に配置された。取材カメラが入った際には、極めてさりげなく、しかしウィーン・フィルの確固たる歴史を見せつける効果を発揮している。元日にＮＨＫで中継されるニューイヤーコンサートでは、この部屋でインタビューを受けている様子が放送されているので、目にしている日本人も多いだろう。

さらにこの一連の改革の中で最も優れたもののひとつが、「ザ・フィルハーモニック・スーツ」の製作である。

ザ・フィルハーモニック・スーツ

クラシックコンサートを聴きに行く際、「何を着てコンサートホールに行けばよいかわからない」と困惑している方が多くみられる。「クラシック音楽は正装で聴かなければならないのか」と多くの人が戸惑うのには、オーケストラ奏者が燕尾《えんび》服、モーニング、タキシードなどの正装、準正装をしているから、ということもあるだろう。

奏者の日中の正礼装（モーニング）は、ジャケットの前裾から後ろ裾にかけて曲線になったコートを合わせるというスタイルである。結婚式の新郎や新郎新婦の父親が着用するものとしてよく知られている。同様の正礼装で、18時以降に着用する燕尾服（テールコート）は、ツバメの尾のようにカットされたコートが特徴で、ホワイトタイと指定された場合はこの燕尾服になる。また、昼の準礼装として着用されるのがディレクターズスーツである。ブラックのジャケットにブラックとグレーのストライプのスラックスが組み合わされるスーツだ。夜の準礼装はタキシードで、ドレスコードがブラックタイの場合はタキシードを着用する。最近では昼間の準礼装としても使用される場合もある。

通常、オーケストラの衣装は燕尾服やディレクターズスーツ、黒のセットアップやシャツなど、その楽団によって決められている必要なものを、それぞれが購入する形をとる。規定で衣装代の手当が出るところもあれば、決められたテーラーであつらえ、請求書を楽団に回すシステムを採用しているところもある。楽団の特別なデザインであることは稀で、いわゆる一般的なテーラーメードをオーケストラが団体購入したり、提携の洋装店で注文したり、量販店で個人購入したりすることもある。

グロスバウアーはこの衣装にも改革を求めた。ウィーン・フィルは世界的に見ても、最も映像での放送機会の多い楽団のひとつである。ましてやニューイヤーコンサートは世界90カ国以上のテレビ局で放送され、5000万人が同時に視聴しているといわれる。さらにそれが映像作品としてブルーレイなどで販売されることを考えると、彼らが演奏する姿は数億人の目に留まることになる。

グロスバウアーはコンサートの価値を高めるため、オーケストラ衣装を製作することにした。デザイナーにヴィヴィアン・ウエストウッドを指名し、ウィーン・フィルのために新たにデザインが起こされた。ヴィヴィアン・ウエストウッドは2015年のウィーン・フィルニューイヤーコンサートでバレエの衣装を担当し、その奇抜さに賛否両論が起きたデザイナーである。ウィーン国立歌劇場バレエ団の衣装担当で双方親交があったとはいえ、その起用は大胆な決断に映った。ウィーン・フィルが演奏衣装のデザイナーを起用するのは初めてのことだった。

しかし、不安はすぐに解消された。ヴィヴィアンと共同でデザインを行なっているパートナーのアンドレアス・クロンターラーの熱意も相まって（クロンターラーはオーストリア生まれで、クラシック音楽やオペラ愛好家であることが広く知られている）、新たにデザインされたスーツはまさに「ザ・フィルハーモニック・スーツ」と呼ぶにふさわしい唯一無二の出来栄えとなったからである。

そのデザインは伝統的な燕尾服を基本に、立ち姿も座ったときにもシルエットが美しく見えるようテール部分が調整され、上質な生地が使用されている。また各楽器の演奏を妨げないよう、ジャケットの形には動きやすさの配慮がされている。裾を少し絞ったトラウザーは、ステージ登場時の歩く姿も美しく見せる。また女性奏者用のシルクブラウスは、黄金の間の金色に輝く装飾とテレビ放映のための大量のライトを考慮した光沢のある生地で、映像で見るだけでもドレープが動き、そのうねりがステージのスポットライトでさらに美しく見える。さらに、同じく女性奏者用の上着も少し絞られたウエストのラインが美しく、腰から裾にプリーツがあり、動きやすさとエレガントさが両立されているし、女性用トラウザーも裾

「ザ・フィルハーモニック・スーツ」
デザイン画

までのラインが計算され、パンプスに沿う裾が綺麗に収まっている。

また、奏者がアップになったときに目がいくネクタイ部分にはウィーン・フィルのロゴがちりばめられ、角度によってその艶《つや》が増す仕様だ。さらに、（見えない部分ではあるが）ジャケットの裏地はロゴがデザインされ、光沢が美しい白っぽいシルバーのシルク生地で仕立てられており、脱ぎ着の瞬間にまで美が追求されている。同じくネクタイや白いポケットチーフもロゴが織られた生地で仕立てられており、細部にわたって隙のないデザインと言えるだろう。２０１７年のニューイヤーコンサートで初披露されたこの衣装は、これまでの「いたって普通」の見た目から１８０度転換したもので、世界が驚きを持って歓迎した。

このザ・フィルハーモニック・スーツについて、服飾史家の中野香織氏は「歴史と伝統に則った格式の高さがあり、上質な素材によって観客に対する敬意も表現している。素晴らしいデザイン」と評している。ヴィヴィアン・ウエストウッドといえば、セックス・ピストルズなどの過激で攻撃的なデザインがイメージされ、デザイナー自身も活動家であることからアヴァンギャルドな印象があるが、一方で英国女王から「デイム」の称号を与えられたほどに、伝統と格式を理解したエレガンスを表現できるデザイナーでもある。

ヴィヴィアン・ウエストウッドをオーケストラの衣装デザイナーに採用した運営陣の審美眼は見逃せない。地元オーストリアのデザイナーや、フランスやイタリアの一流ブランドにデザインを依頼するのではなく、最も格式高いスーツを作れる「デイム」に白羽の矢を立てる。しかもメインデザイナーのパートナー（配偶者であり共同制作者）はオーストリア人だ。全てに計算が行き届いた人選であった。

ただし、それまで演奏衣装を作業着と認識していた奏者にとっては、それぞれの体形を採寸したうえでのフルオーダーだと、体形が極端に変わってしまうと修整が必要になり、衣装代としての自己負担分が高額になるなど、不平がないわけではない。スーツの修整か体形の修整かは各人に任せたいところだが、高品質で最上級デザインのこの高額なスーツに対し、全ての奏者が諸手を挙げて喜んでいるわけではないようだ。ニューイヤーコンサートでしか使用しないものを作ったことに対する不満もある。

それでも、一観客の立場として、あるいは音楽ビジネスの見地から考えても、この衣装製作は彼らのブランディング力の高さを世界に示した好例と言える。現在のオーケストラはコンサートに足を運ぶ観客だけでなく、映像作品として音楽を「観る」愛好家への配慮も求められる。生演奏から録音、そして映像と、音楽ビジネスの変遷に合わせ、その変化に対応しているのだ。

ちなみに、残念ながらこれらの改革を一気に推し進めたグロスバウアーは、変革の性急さや突出した支出増などで楽団員の不満が噴出し、わずか3年で楽団長の交代を余儀なくされている。任期は3年だったが、2年目に行なわれた選挙で次期交代が確定したので、実質的には1年半程度しか楽団長として認められていなかったことになる。性急で斬新な改革に他の団員、特に年長奏者らからの拒否反応が強かった。次に選ばれた楽団長フロシャウアーは選挙での勝利の後で、「我々に必要なのは改革ではなく、伝統的な配慮だ」と取材に答えている。「衣装や見栄えや新しい時代にばかり目を向ける以上に、守るべきことがあり、時間をかけるべきことは他にある」。グロスバウアーをそう痛烈に批判し、舵を切り直した。

その言葉のとおり、現運営陣の手法は超保守に転じたと言えるだろう。指揮者選定やプログラムの立て方など、確かにそれは一時代前と似通ったものになった。原点回帰といえば聞こえはいいが、一方で目新しさがないと言われれば否定できない。時代に合わせて改革を半ば強引に、そして一気に推し進めたグロスバウアーがいたからこそ、ウィーン・フィルの評価が高まったことは間違いない。時代が変化する以上、その時代に沿った方法があり、変化しない組織は取り残される。その意味では、ウィーン・フィルには時代ごとに必要な楽団長が現れていると言えるだろう。

世界的祝祭としてのニューイヤーコンサート

グロスバウアーの手腕により一気に見栄えがよくなったニューイヤーコンサートは、ワルツ王シュトラウスの楽曲を中心に、ワルツやポルカ、ギャロップなどの軽快な舞踏音楽を中心にした華やかなコンサートである。12月30日のマチネ、12月31日夜のジルベスターコンサート、1月1日のマチネと、同じプログラムが3回演奏される。そのうち元日のコンサートは世界中に中継され、5000万人が同時視聴する、ウィーン・フィルにとっても最も重要なビッグイベントだ。中継は毎年元日の午前11時（現地時間）、日本は午後7時ごろから始まる。NHK Eテレとラジオ放送で生中継されることで、クラシック音楽にそれほど興味のない人でもその存在を知っていることだろう。煌びやかなホールで優雅なワルツが次々と繰り出される映像は、お正月の夜に流しておけるBGMとしても有能で、晴れやかな気分を盛り上げることに一役買っている。現地では世界中からセレブリティが華やかな装いで集まり、着物姿の婦人がテレビカメラで大写しになるのも恒例で、日本人

ダニエル・バレンボイムの指揮で行なわれた2022年のニューイヤーコンサート（©Vienna Philharmonic / Dieter Nieter Nagl）

が羨望を浴びるにはこの上ない舞台である。

チケットは毎年2月に翌年分が抽選されるが、2000の座席に世界中から申し込みが殺到し、当選確率は数千分の一とも数万分の一とも言われている。このチケットはウィーン・フィルからの公式な招待を受ける政財界のVIPのほか、公式スポンサーであるロレックスと、大手旅行会社や一部の公認ファンクラブ（ウィーン・フィルソサエティや日本のウィーン・フィル友の会など）に一定数の座席が割り当てられている。正規料金は最も高い席で数十万円程度だが、オーストリアの法律ではチケットの個人取引が行なえるため転売は当たり前で、転売に次ぐ転売で、良い席であれば一枚100万円で譲り渡されることもある。人生で一度はあの場に居合わせたいという愛好家たちの願いは強く、だれがチケットを持っているかという裏情報が、10月ごろから音楽業界でも囁《ささや》かれ始める。筆者も幸運なことに2020年1月1日のチケットを手に入れることができたが、譲って欲しいというオファーが後を絶たず、マネーロンダリング的に譲ってもいいのではと、心の悪魔が囁いたことを告白しておこう。

コンサート当日に楽友協会の入り口前の広場で、正装した旅行者と思しき人々が「チケットを買います」というプラカードを持ってあちこちで声をかけている。万が一にも買うことができればすぐにホールに入れるよう正装をしているわけだ。私も日本語で声をかけられ、いくらで譲ってもらえるかと交渉を受けたことがある。寒空の下、最後まで諦めない多くのファンの姿には感心さえしてしまう。最近では一時期ほど日本人が見られなくなった一方で、韓国の民族衣装の観客が見られるようになり、またそこかしこで中国語が飛び交っている。第一部と第二部の間の休憩時間に歓談する言語は多岐に渡り、ウィーン・フィルの世界的な人気を肌で感じる特別な日である。

ニューイヤーコンサートはいつ始まったのか

クラシック音楽界で最も有名な催しであるウィーン・フィルのニューイヤーコンサートだが、元々これはウィーン・フィルの演奏会でなかったことはあまり知られていない。

欧州各国ではクリスマスから1月6日の三聖王祭（公現祭）までが重要な期間で、このちょうど中間にあたる年越しの日の華やいだ雰囲気はウィーンも同じである。ウィーンの年明けを祝うニューイヤーコンサートという習わしは、１８３８年ごろにはすでに始まっていたようだ。１８４６年までの間に、イギリス人音楽家などが計8回のニューイヤーコンサートをウィーンで行なったという記録が残っている。このときの曲目にはまだシュトラウス一家作曲のウィンナーワルツは含まれていないが、ここに新年にコンサートを開催するという伝統が始まったと言えるだろう。

その後１８７１年に、初めてシュトラウス一族によるニューイヤーコンサートが、楽友協会全館の貸し切りで開かれている。曲目はシュトラウスとその他の作曲家の作品が半数ずつであった。前述したように、その頃ウィーンにはワルツ文化が広がっており、シュトラウスの音楽は舞踏会やコンサートに欠かせない存在になっていた。１８７５年と、さらに下って１９００年にも、シュトラウス一族が同様のニューイヤーコンサートを開催している。

1903年から1924年の間に13回行なわれた楽友協会の黄金の間でのニューイヤーコンサートは、主にGesellschaft der Musikfreunde（団体としての楽友協会）のオーケストラであるWiener Tonkünstler-Orchester（後のウィーン交響楽団。現在のトーンキュンストラー管弦楽団とは異なる）が演奏を行なっている。1925年からはラジオでもニューイヤーコンサートが放送されるようになり、新年にシュトラウスのワルツでコンサートを行ない、同時に放送されるというフォーマットの知名度が上がっていた。

しかしナチス・ドイツのオーストリア侵攻をはじめとする社会情勢の不安定化により、ニューイヤーコンサートは1933年から38年までの間中断された。地図上から「オーストリア」の国名が消滅していた1939年12月31日、指揮者クレメンス・クラウスは「特別コンサート」と名付けた新年の演奏会をウィーン・フィルと共に黄金の間で行なっている。ウィーン生まれのクラウスはシュトラウスのワルツを大変好み、ウィーン・フィルにとっても重要な指揮者の一人だった。オーストリアで国民的人気のあるシュトラウスのワルツやポルカでプログラムされたコンサートを、ナチスの支配下で行なうという、ある種のねじれた関係の中で新年を祝ったこのコンサートが、記念すべき第一回目のウィーン・

フィルによるニューイヤーコンサートとなった。収益は全て、ナチ党の募金運動として戦中の冬季援助活動に寄付された。

このことは現在の日本人がウィーン・フィルに対して抱く煌びやかなイメージとはほど遠い。実際のところ、彼らはその歴史の中で政治的な思惑や人間関係の複雑さを含み置き、かなり現実的な選択肢を取っている。第一回のニューイヤーコンサートにしても、誤解を恐れずに言えば、特殊な状況下でどさくさに紛れるようにして新年演奏会のフォーマットを手にしたとも言える。時代の波に乗り、文化を自分たちの元に引き寄せた強かさがここにも垣間見える。

こうしてウィーン・フィルのものとなったニューイヤーコンサートを、彼らはその後独自に発展させてきた。1903年に、休憩後の最初の一曲として演奏された〈美しき青きドナウ〉は、以降ニューイヤーコンサートで定番となり、今では必ずアンコールで演奏されている。この曲の冒頭で演奏を一旦わざと止め、指揮者が客席に向かって新年の挨拶をするという「定番の寸劇」も楽しみの一つである。

その後ニューイヤーコンサートは大晦日のジルベスターだけでなく、前日のゲネプロまで公開され、都合3回同じプログラムで演奏されることが定着した。30日のコンサートは

ニューイヤーコンサート前のマイクセッティング

制服姿のオーストリア軍が客席の多くを占め、階級の高い軍人が良い席に、若い軍人たちが立ち見席にひしめき合って鑑賞している。こうした様子が日本で報道されることはない。

ちなみに、同じプログラムを3回行なうということは、このコンテンツをCDなどの音源作品や、ブルーレイなどの映像商品として落とし込むうえでも大変都合がよい。CD制作の現場にとってみれば、仮に「傷のある演奏」(録音現場で、音の間違いや演奏上のあまりよくない出来の箇所を「傷」と表現する場合がある)でも、同じ曲で3回分の録音ストックがあるので、よい部分をつなぎ合わせればいいからだ。観客が出した不要な大きな音や雑音が仮にあったとしても同様である。

映像作品の場合も同じことで、31日のコンサートの収録では、テレビクルーも生中継に備えて同じ手法で放送リハーサルを行なう。何分何秒からこの曲が開始されるかなど、徹底して元日の中継に備えている。そしてこの日の映像は、もし仮に生放送当日にアクシデントがあったとしても、前日のそれにすぐ差し替えられるようになっており、万全の体制が整えられているのである。このため当然のことながら、オーケストラはザ・フィルハーモニック・スーツを3日間同じように着用し、指揮者も同じデザインの衣装で登場することが必須となっている。

ラジオ放送、テレビ中継、CDなどの音源制作、映像制作が同時に進められるこの一大プロジェクトは、昨年2022年からはテレビ放送のない国や地域に向けて、インターネットでの配信サービスが開始された。こうして、ウィーン・フィルのニューイヤーコンサートは、クラシック音楽業界における世界的に大きなイベントに成長したのである。

ウィーンの伝統文化としての舞踏会

定期演奏会や海外ツアー、ニューイヤーコンサートに加えてウィーン・フィルが最も重要視している催しのひとつに「ウィーン・フィル舞踏会」がある。

舞踏会というと、一部の王侯貴族やハイソサエティだけのイベント、あるいはおとぎ話に出てくるお城の催しのようなものをイメージする方もいるかもしれない。しかしオーストリア、特にウィーンで開催される舞踏会は、一般市民にも深く浸透した伝統的な文化である。舞踏会用の洋装店やラグジュアリーブランドのドレスがあるだけでなく、デパートでも燕尾服やロングドレスが若い人でも購入しやすい値段で販売されている（日本で展開しているブランドでも、日本国内で見たことのないほどの品揃えの新作ドレスが並んでいる）。ウィーンで舞踏会は例年各地で1月から2月にかけておよそ450回も開催され、そこに参加するために、大人もティーンエイジャーもダンス教室に通う。ステップだけでなく、立ち振る舞いやエスコート方法を学ぶのである。

舞踏会は職業組合などの一般市民が主催しているものが多い。例えばカフェオーナーらの飲食店経営の組合や菓子職人組合の舞踏会、医師会や商工会議所などが主催する舞踏会もある。知人と誘い合ってこうした舞踏会に参加し、朝まで踊り、美味しいものを食べて語り合う。誰もが気軽に参加し楽しめるのが、ウィーンの舞踏会の魅力だと言える。一般向けにチケットが販売されているためウィーン在住でなくとも参加でき、日本でもチケットを代理手配する業者もある。ダンスのレッスン付きプランもあるので、旅行中のアクティビティに取り入れてみるのも一興だ。

舞踏会のダンスというとウィンナーワルツがイメージされやすいが、ウィンナーワルツとともにウィーンの舞踏会の特徴を成すダンスに「カドリール（フランス語のカドリーユ）」がある。列になった男女が手を取り合ったり、すれ違ったりしながら列を入れ替える様子は、まるで映画のワンシーンのように美しい。

舞踏会の演奏はウィンナーワルツ、とくにシュトラウス一家のワルツやポルカが中心となるが、チャチャチャやサンバ、また小規模なバンドでのジャズ演奏がある部屋もあり、さまざまなジャンルの楽曲が夜通し演奏される。音楽と踊り、ウィーン名物のソーセージやお酒、夜通しのおしゃべり。これがウィーンの街の冬の夜の楽しみである。

「ヴィーナー・オーパンバル」という国家的饗宴

ウィーン・フィル舞踏会の話の前に触れておくと、ウィーンの舞踏会で最も格式が高いと言われるのが、ウィーン国立歌劇場の「ヴィーナー・オーパンバル」である。

ヴィーナー・オーパンバルは毎年2月の灰の水曜日（キリスト教の教会暦で四旬節に入る最

初の日）の前の木曜日に行なわれる舞踏会だ。オーストリア貴顕、政財界人をはじめ世界各国のＶＩＰや文化人、ハリウッド俳優などが訪れる、舞踏会シーズンのハイライトである。当日は国立歌劇場そばの地下鉄駅の出入口が封鎖され、歌劇場入口のレッドカーペットが敷かれた側は報道陣で埋め尽くされる。歌劇場付近はチケットを持つ人の乗りつける車や馬車（ウィーンの旧市街は馬車も日常の風景）しか通れないというのだから、その光景はさながらおとぎ話のようだ。

歌劇場内にはあらゆる場所に花々が飾られ、普段は通常客席となっている平土間の椅子は全て外されて（床の高さをステージと揃えるため）、フラットな空間が作られる。ここがダンスホールになるわけだ。歌劇場主催であることから、有名オペラ歌手の歌唱やウィーン国立バレエ団のダンサーによる踊りなど、毎年豪華なプログラムが行なわれている。

舞踏会ではまず「デビュタント」と呼ばれる、その年に社交界デビューする若い人たちが登場する。男性は白い蝶ネクタイで燕尾服、女性は真っ白のロングドレスに二の腕まである白い手袋とティアラという正装で、鮮やかな列をなして入場するさまは圧巻だ。彼らはこのために振り付けのレッスンに通い、一糸乱れぬセレモニーを準備する。

それを見届けると、主催者側の主賓が発する開始の掛け声「アッレス・ワルツァー（皆さん、ワルツを！）」を皮切りに、観客たちもダンスに参加できる時間となる。メインフロアの脇、テーブル席にいた参加者たちが我先にとフロアに降りて、音楽に合わせて踊り始める。みな笑顔に溢れ、高揚感がホールを埋め尽くす。ヴィーナー・オーパンバルは舞踏会の最高峰というだけあって、カジノや豪華な食事の提供、破れたドレスを繕う洋裁ブースやヘアメイクのブースまでもが設置され、ひとつの大きな娯楽場の様相を呈する。これらの売り上げが、舞踏会の参加チケット代金・座席料金とともに主催者側（ウィーン国立歌劇場）の大きな収益となるわけだ。

一方、舞踏会に参加しないオーストリアの人たちはというと、テレビでこれを楽しむ。踊りが始まる前の夜9時ごろには中継がはじまり、国立歌劇場前のレッドカーペットを歩くセレブが映され、建物を彩る花々や提供されるワイン、料理が次々に紹介されていく。ダンスフロアの脇では始まる前から有名人のインタビューが行なわれ、ここでテレビに映ることが芸能人・文化人のひとつのステイタスとなっている。放送の視聴率はなんと50%を超えるという。まさに国を挙げての一大イベントだ。

舞踏会とはいったいどのような場なのだろうか。舞踏会で重要なのは、この場で「人を紹介し合う」点である。シャンパンやワインを飲みながら、互いに知人やビジネスパートナーを紹介し、新しい人間関係を作る。普段はアポイントを取りづらい政治家や財界の重鎮でさえ目の前で生牡蠣《なまがき》を食べていたりするのだから、顔見知りになれる機会としてはまたとないだろう。しかも一夜にして多くの人々と知り合えるのだから、この場がいかに重要であるかは想像に難くない。華麗なワルツが踊られるダンスフロアの隅で、経済界の面々が声をひそめて話し合っている。まさに〝社交〟の場である。ウィーンの舞踏会の政治・ビジネス的な側面を凝縮したのが、ヴィーナー・オーパンバルと言えるだろう。

黄金の間のウィーン・フィル舞踏会

前置きが長くなったが、ここからが本題だ。そうしたウィーンの舞踏会文化の中でひと際存在感を放つのが、楽友協会の黄金の間で開かれる、ウィーン・フィル舞踏会である。ウィーン・フィルが主催するこの舞踏会は、第一次世界大戦が終結し、オーストリア＝ハンガリー帝国が終焉して間もない1924年に始まった。多くの奏者が戦地に駆り出され、犠牲を伴った後で、同時にシュトラウス一家の音楽を受け入れ始めた頃という、音楽的な再構築を図ろうとしていた不安定な時代だった。同時期にウィーン・フィルは2回目の南アメリカツアーを行なっているのだが、海外公演も舞踏会の創設も、組織としての精力的な活動を取り戻すためだけでなく、財政的な諸問題を解決するために行なわれていた側面がある。ちなみに記念すべき第一回のウィーン・フィル舞踏会では、リヒャルト・シュトラウスがこの舞踏会のためだけに〈ウィーン・フィルハーモニーのためのファンファーレ〉を作曲した。トランペット6管（4つのパート）とトロンボーン6管（4パート）、チューバ2管（2パート）とホルン8管（2パート）という壮大な管楽器群に加えて、ティンパニも2台（2パート）という大がかりな編成である。以来この曲はウィーン・フィル舞踏会になくてはならない楽曲となった。

さて、舞踏会で華々しいファンファーレが鳴ると、正装をした人々が入場し、黄金の間はいっそう煌めく。この主賓入場の先頭に立つのが、その年にウィーン・フィルが選んだ舞踏会の名誉指揮者だ。過去にはカラヤンやバーンスタイン、クラウディオ・アバド、マリス・ヤンソンス、そして小澤征爾など、彼らと共演の多い指揮者がこの名誉に与《あずか》っている。ヴィーナー・オーパンバルと同様に、メインホールになる黄金の間は座席が全て取り払われ、広くフラットなダンスフロアになる。

開会のセレモニーでは、ウィーン・フィルは舞踏会の名誉指揮者とともに演奏して参加者をもてなすが、その後は彼らがずっと演奏しているのではなく、演奏は他の楽団に任せ、

ウィーン・フィル舞踏会の様子。写真はデビュタントの入場シーン
(写真提供/ユニフォトプレス)

ウィーン・フィル奏者は参加者とともに舞踏会を「楽しむ」側に回る。朝の5時まで楽友協会の建物全てのフロアを使って音楽が演奏され、人々はダンスに興じ、創意を尽くした料理やスナックを楽しむ。近年ではウィーン・フィルのエチケットのついた特別ワインも用意されるなど、提供するものの質へのこだわりも強い。

余談になるが、こうしたワインや料理に精通するのが前楽団長グロスバウアーである。彼は楽団長職を退いた後も、団員として「フィルハーモニック・テイスト」と称する企画を続けている。これはオーストリアのワイナリーの協力のもとで上質なワインを選び、それに合う料理をシェフに依頼し、ワインと料理を提供する場にメンバーによる室内楽を添えるというものである。視覚と聴覚、味覚、嗅覚に会場の雰囲気を合わせた五感の全てを、〝ウィーン・フィルテイスト〟として提供しているわけである。

グロスバウアーは年齢層の高い従来の顧客だけでなく、新規顧客や若い世代が求めるものを具体化して提示しようとしている。先述した「ザ・フィルハーモニック・スーツ」の製作もそれに連なるものだ。楽団長を譲った形にはなったが、グロスバウアーによる新たなブランディングとマーケティングの試みは、現在もなお続けられている。

舞踏会が果たす役割

毎年のウィーン・フィル舞踏会には、名誉パトロンとしてオーストリア大統領が、名誉委員会としてウィーン市長とザルツブルク州知事が名を連ねている。繰り返しになるが、舞踏会は政財界との交流の場としてこの上ないイベントだ。だが、ヴィーナー・オーパンバルは国家イベントとしての政治的色彩が強く、また規模が大きすぎるため親密な人間関係には発展しづらいという。一方、一非営利団体であるウィーン・フィルが主催するウィーン・フィル舞踏会は、当然ながら招待客を主催者が自由に選べることから、彼らにとって極めて重要かつ親密な社交の場となる。

彼らは舞踏会に、オーストリアだけでなく海外公演先のＶＩＰや、在墺大使館関係者や外交官、近年はタイの王女など他国の王室を招待客の上位に据え、影響力を持つ世界の上流階級や政治家とのつながりを強化している。自分たちの価値を認めている、あるいは認めてほしいと考える人々を音楽と食事でもてなし、顔馴染みとなる。政治家としては文化的な理解者として顔が立つだろうし、商業的に成功した者にとってはビジネスチャンスを拡大するために政治家とのパイプは重要である。ウィーン・フィルはその両方が大事な顧客である。華麗な音楽の裏には、三方よしの思惑が蠢《うごめ》いているわけだ。

舞踏会を始めた当時の楽団長、アレキサンダー・ヴンデラーは「ウィーン・フィルがこれまでの伝統に加えて、社交界の催しである舞踏会を行なえば、それは音楽家の身分意識を強固にする」と述べている。その言葉の通り、今やウィーン・フィルは単なる音楽家の集団というだけに留まらず、時に〝特権階級〟と揶揄されるほど政財界とのパイプを強固に持ち、存在感を高めている。コロナ禍において彼らがいち早く再始動できたこと、政府との連携で来日ツアーが叶ったことも、こうして舞踏会を通じて構築してきた政界とのつながり、大使館レベルでの人脈があってこそのものであることは想像に難くない。

現在ではウィーンのロータリークラブなどに楽団長らが所属するなど、舞踏会がなくとも外部での社会的なつながりがあり、すでに構築された政財界との強力なパイプがあるが、舞踏会の主催は間違いなくウィーン・フィルの社会的立場を盤石にし、ブランド価値を上げたと言えるだろう。彼らとしては舞踏会の趣旨を純粋に音楽文化、芸術性を高める方向へ転化したいと考えているようだが、その開催価値が社交にあることは揺るぎない事実である。

2023年1月にはパンデミック以後3年ぶりに、第80回目となる記念すべきウィーン・フィル舞踏会の開催が予定されている。指揮者はロックダウンによって欧州ツアーを途中で断念せざるを得なかったときにタクトを振っていた、アンドリス・ネルソンスだ。このウィーン・フィル舞踏会が開催されなかったのは、このパンデミックの2年間と、1932年から1948年までのナチ党の影響下及び戦後の動乱期、そして1991年の湾岸戦争時のみであったことも付け加えておきたい。

第6章　アート・マネジメントの先駆として

ウィーン・フィルアカデミー　後継を育てるために

ウィーン・フィルは2018年に初のアカデミーを開設した。将来的に自分たちのオーケストラで演奏する若い奏者を自分たちの手で育てようとする試みである。

このアカデミーの育成プログラムは、世界から若い奏者をオーディションで選出し、ウィーン・フィルの中でレッスンするというものだ。各楽器数人という少人数で教育が施される。ウィーン・フィル奏者からの個人レッスンに加え、室内楽やオーケストラの練習、本番で演奏する機会が与えられ、各国のツアーへも同行できる。単に一流の奏者や指揮者との演奏が叶うだけでなく、キャリアの浅い時期から各国の一流ホールで演奏できるという、若手が容易には得がたい経験を積めるところにメリットがある。レッスンの中には一流の指揮者に直接話を聞く機会や、奏者がウィーン・フィルの歴史を教える座学、スポーツ界や科学分野の専門家を招いた講座もプログラムに組み込まれている。さらに、医師や理学療法士らからの音楽家が悩まされやすい職業病とその予防策の講習、メディア対応やSNSとの付き合い方に至るまで、全方面からの幅広い知識が身につけられるよう配慮されている。

アカデミー設立にあたっては、事務局長ブラーデラーが自らベルリン・フィルへ出向き、教育的運営手法を学んだという。ベルリン・フィルはカラヤンの設立した教育機関であるアカデミーを現在も運営しており、次世代の奏者育成に貢献しているからだ。2022年はアカデミーの創立50周年となる記念の年であり、ベルリンのフィルハーモニーホールで記念コンサートが開かれている。アカデミーでは2年間にわたって、選ばれし若手演奏家がベルリン・フィルの音楽をみっちり学ぶことができ、ベルリン・フィルと一緒にステージに立てる、プロの奏者へのステップとしては申し分のない教育機関である。

ベルリン・フィルの教育手法を持ち帰ったブラーデラーは、自分たちに合う手法へと手を加え、少数精鋭での教育方針を選択した。これについて彼は次のように述べている。

「ウィーン・フィルがどのように若い世代を育てたいかを考えた結果、まずは少数精鋭で始めることを選択した。アカデミーのオーディションは、正会員よりももう少し門戸を広げて機会を与えている。ここからウィーン・フィルの音楽を学んだのちに、彼らの音楽が我々と合うようであればウィーン国立歌劇場奏者、ウィーン・フィル奏者になればいいし、ここから別のオーケストラに行く者も現れるだろう。それでも我々の音楽を真に理解し、特徴的な音の本質を知る演奏家を育成できることを重視している。そして何より若い世代に対して、音楽への情熱を持ち続け、音楽に献身的になることを伝えていきたい」

ウィーン・フィルアカデミーがユースオーケストラの設立ではなく、小規模でのアカデミーにこだわった背景には、経済的な問題、つまり運営に多額な資金が必要であることも挙げられる。しかしこの手法はきめ細やかな指導が可能なため、すぐに規模を大きくする予定はないとのことだ。この狭き門をくぐるべく、世界中からそのオーディションに挑戦する若者が集まっている。この中には韓国人女性など、これまで彼らに馴染みの薄かった東アジア出身の奏者も含まれており、アカデミーの設立によって多様化が加速すると考えられている。現在ではこのアカデミーの卒業者がすでに国立歌劇場職、ウィーン・フィル奏者になっており、その成果が少しずつ現れ始めている。2022年には、ヴィオラ奏者の有冨萌々子《ももこ》が日本人として初めてアカデミーのオーディションに合格した。

音楽文化の土壌を耕す

さらにウィーン・フィルは、独自の青少年教育システムを構築し、展開している。そのひとつが「パスワード：クラシック(passwort：klassik)」だ。メンバー数名が小中学校、高校などを訪問し、楽器を紹介したり演奏を行なったりするのだが、その後ウィーン・フィルのリハーサルに学生を招待し、実際のコンサートも体験できるプログラムになっている。

　また、ザルツブルク音楽祭が開かれている夏の期間に、オペラキャンプとして子供たちと一緒にオーケストラを編成し、オペラのワークショップで一緒に演奏する機会もある。ウィーン・フィルの音楽を目の前で聴くだけでなく共に演奏できる、なんとも羨ましい催しだ。これらの活動は音楽家の養成に直結するだけでなく、未来の音楽愛好家、観客を育成し、音楽文化の土壌を絶えず耕していく活動と言えるだろう。

　その背景には、彼らの定期コンサートのチケットの入手が非常に困難だということもある。定期コンサートのチケットは定期会員に割り当てられており、さらにその会員権は世襲されているため、空席が出るまでなかなか会員権が回ってこない。一般販売されるチケットは、定期会員がコンサートに行けない場合にウィーン・フィルに戻され、一般発売に回るシステムだ。ウィーンに住んでいてもウィーン・フィルのコンサートになかなか行くことができないのはこのためだ。

　だがもちろんウィーン・フィルにも、定期会員以外でのファンの拡大を目指して、毎年6月に野外で開かれるサマー・ナイト・コンサートや音楽祭に訪れる若い観客を増やしたいという希望はある。そのために、将来の音楽土壌の発展と、ウィーン音楽の継承のため、精力的に青少年プログラムやアカデミーを手がけ、文化を絶やさない努力を続けているのである。

レーベルとは何か

オーケストラ団体には主に3種類の収入がある。コンサートのチケット収入、CDなどの複製物の販売収入、テレビ・ラジオ放送の際の権利収入である。これらに企業からのスポンサーシップや寄付などのパトロネージュが加わる。先に述べたように、多くのオーケストラはコンサート収益だけでは経営が厳しく、多くの収入を経営母体の企業や組織からのスポンサーシップと公的助成金に依存している。CDなどの制作数や販売実績も、ウィーン・フィルやベルリン・フィルなどの知名度も演奏技術も世界的に高いオーケストラとその他のオーケストラでは雲泥の差だ。

では、ウィーン・フィルはどのようにコンサート以外の収入を得ているのだろうか。

レコードやCDなどの音源を商品化する際に、オーケストラは主に二つの収入を期待できる。ひとつは録音した際に支払われる演奏料であり、もうひとつは売り上げによって計算されるインセンティブ、いわゆる印税である。これらの額はレーベルとアーティスト側の関係性や、売り上げ予測などによって決められる。業界の慣習的に印税契約の基準となる数字はあるが（通常数％）、ケースバイケースで交渉して契約されることが一般的だ。有力な指揮者や著名なアーティストはレーベルと専属契約を結び、数年先までの録音計画を立てる。レーベルにとってみれば当然「より売れる」アーティストに専属契約を結んでもらいたいし、アーティスト側はギャラや印税だけでなく、自身のアーティスト人生の中で作品を協力して制作してくれるレーベルやプロデューサーを求めている。アーティスト獲得をめぐっては、クラシック音楽の世界だけでなく他ジャンルでも各レーベルがしのぎを削っており、音楽の複製物の制作は、ＣＤ全盛期には１タイトル数百万枚といった売り上げを誇る一大産業であった。

そもそも、レーベルとは何か。発明王エジソンが人の声を録音したとされるのは１８７７年だが、実はそれより前の１８５７年に、フランスで音声が録音されたことが記録に残っている。ウィーン・フィルが設立されてから15年後のことだ。その後録音再生技術が発達し、ビクターやコロムビアといった会社が円盤に録音する蓄音機を発売するようになる。音楽を記録しそれを再生するという技術は瞬く間に世界に広がり、そのおかげで音楽は演奏者がその場におらずとも楽しめるものへとダイナミックな変容を遂げた。日本では

「アナログ盤」と呼ばれ、愛好家の関心を引きつけ続けているこの円盤は、樹脂に溝を作って音を刻み込んだものだが、これを商品として複製・量産化した。円盤の中央には楽曲や演奏者、曲目などの情報が記載されたラベル（label）が貼られている。これが「レーベル」である。

録音技術を持つ企業がレコード（LP、SPなど）を制作し、それぞれのブランド名を冠したこのレーベル文化は、ご存じのとおり今なお残っている。例えば、クラシック音楽の老舗ドイツ・グラモフォンは1898年以来の長い歴史を持っているし、イギリスの名門レーベルだったフィリップスは現在Deccaレーベルとなり、ドイツ・グラモフォンと共にユニバーサル・ミュージックの傘下にある。先述したコロムビアのレーベルであるコロムビア・フォノグラフはその後放送局CBSを設立し、エピック設立などの複雑な経緯ののちにソニーに買収されている（現在、このレーベルはソニー・クラシカルとして展開されている）。

もうひとつの老舗レーベルである旧EMIは1897年、イギリスに興った。1921年に設立されたHMVと合併したのち、ドイツやフランスの複数のレーベルを買収して拡大するも、現在はワーナー・ミュージック傘下のレーベルのひとつになった。現在はユニバーサル、ソニー、ワーナーが三大メジャーレーベルとして君臨しているが、それ以外にもクラシック音楽の世界では音にこだわり、ユニークな作品を生み出しているレーベルが各国に存在する。

録音再生技術の進化がもたらしたもの

音楽業界が進歩し、演奏家やオーケストラに大きな収益がもたらされるようになったのは、デジタル録音技術の発達、CDの発明と発展に起因するところが大きい。とりわけ1980年代以降のソニーによるCD開発と簡易な再生方法の拡大は、音楽消費者の行動の変化だけでなく、音楽制作そのものを変えた。

蓄音機のアナログ時代はいわゆる一発録りで、失敗もそのまま記録されてしまうため、そう何度も演奏のやり直しはできない。その「ライブ感」が良いとする向きもある。その後テープ録音になって編集が可能になり、今やデジタル録音や編集が容易にできるようになった。音楽家に何度か演奏してもらい、良い部分をつなぎ合わせて、(それが良いかどうかは別として)完成度の高い録音物に編集する。編集が容易になったぶん、エンジニアの人件費や工数が抑えられ、精度の高いものが経済的に制作できるようになったのだ。

この恩恵に与ったのはレーベル運営会社だけではない。経費を抑えた音源の商品化は、演奏家やオーケストラの収入増をもたらす画期的な変容であった。コンサートのチケット収入というワンタイムの演奏ギャランティしか見込めなかった時代から、一度録音しておけばその複製販売で稼ぎ続けられる仕組みができたわけである。

観客にとっては、ウィーン・フィルの音楽なら本拠地ウィーンに行くか来日コンサートを待たなければ聴けなかった音楽が、録音物を購入しさえすれば、時間と場所の制約を越え、聴きたいときに聴きたい場所で聴くことができるようになったのだ。現在ではもはや当たり前になったこの録音再生技術は、ラジオやテレビ放送の発達と共に、音楽業界にとってまさに革命だったのである。

二人の指揮者とCD容量「74分」の謎

音源制作の歴史で忘れてはならないのが指揮者ヘルベルト・フォン・カラヤンである。今なお熱狂的なファンが多く、知名度では他の追随を許さない指揮者だが、一方で音楽愛好家にはアンチカラヤン層が常に一定数おり、今でもカラヤンネタはSNSで揉め事のタネとなるなど、名実ともに話題に満ちた指揮者である。そんなカラヤンがCDという新技術の開発に深く関わっていたというのは、音楽愛好家の間ではよく知られた話だ。

1980年代のはじめ、CDの技術開発を進めていた当時のソニー社長の大賀典雄は、友人であるカラヤンに意見を求めたという。大賀は東京藝術大学声楽科出身という異色の経営者であり、クラシック音楽への愛情が深く、レーベルの買収、CBS・ソニーの設立や音楽再生技術の開発にひときわ力を入れていた。その一環として進んでいたCDという新規フォーマットの「容量」を決めかねていたソニーは、カラヤンの「ベートーヴェンの第九が1枚に入れられること」という意見を採用し、CD一枚につき74分という記録量を持つ仕様にしたという。

実際のところ、カラヤンが指揮をしたときの第九は、(オーケストラは違えど)ほぼ60分台に収まっているので、この「74分採用説」はいささかご都合主義的な逸話ではある。しかし、カラヤンと大賀の友情は疑いのない事実であり、CDがその後のカラヤンの音楽制作を支え、収入の面でも大きく貢献したことは間違いない。当時ソニーで技術開発に関わっていたエンジニアの森芳久は、二人がCDや録音技術について話し合っていたところに同席しており、いかに音楽がより広く聴かれることが重要であるかを議論していたと証言している。

森から当時の技術開発に情熱を持って取り組んだ大賀とカラヤンの逸話をさまざまに聞

くにつけ、74分という時間がカラヤンの進言であったかどうかはさておき、新しい記録媒体で世界の音源産業を根底から変えた元音楽家の経営者と一流の指揮者が協力した歴史に感銘を受ける。現在その話がご都合主義的な神話のように語られているとしても、そこに歴史の一端はあったのだから。

そこで思い出されるのは1951年、指揮者フルトヴェングラーによるバイロイト祝祭管弦楽団の74分台の第九演奏の録音である。ベルリン・フィルの首席指揮者として音楽界の頂点を極め、ナチス政権下でウィーン・フィルのユダヤ人奏者救済に力を尽くし、それが元で自身も亡命を余儀なくされた名匠は、その後彗星のごとく現れた若きカラヤンを、あまりよく思っていなかったらしい。

相手に嫌われていれば自分もそうそう相手に好意的になれないのが人間である。カラヤンは、自分を嫌うフルトヴェングラーが70分を超える第九を振っているのを知っていた。もし、カラヤンがそれゆえに、CDのフォーマットは74分がいいとソニーに進言していたとしたら。歴史に「もし」はないが、そうした邪推もまた、音楽を楽しむS・ide Bとして悪くない。発明王エジソンが妻のメアリーに「いつの日か第九が一枚のレコードに収められるようになるよ」と言ったという逸話も残る録音技術の進歩と、そのフォーマットが決定した幸せな時代は、デジタルストリーミングの台頭と共に過去のものとなってしまったが。

ストリーミング技術で変わる音楽業界

さて、ＣＤやアナログ盤などの音源や映像作品の販売で、どのくらい収益が出るかは気になるところだろう。世界で最も売り上げたクラシック音楽のＣＤはウィーン・フィルによるワーグナーのオペラ「ニーベルングの指環」（ショルティ指揮、Decca、１９５８〜１９６５年録音）で、なんと累計１８００万枚だという。これはひとつの商品に17枚のＣＤが入っているため、タイトル売り上げとしては１１０万枚ほどになる（日本では現在ボックス入り17枚1万円程度で販売されている）。ウィーン・フィルの音源の中で特に日本国内の売れ行きが良かったのは、小澤征爾がニューイヤーコンサートを指揮した２００２年発売のＣＤ（Decca）だ。こちらも同じく１１０万枚のセールス

110万枚のセールスを記録したCD「ニューイヤー・コンサート2002」(Decca)

を記録している。1アルバム3000円で、総売り上げは約33億円である。仮に印税契約が5％だとしたら、ウィーン・フィルには日本からの印税だけで1億6500万円の収益が入る。音源の商品化がアーティストにとってどれだけ重要であるかがおわかりいただけるだろう。

一般的に、レーベルとアーティスト間で交わされる契約に関する個別の数字は公開されない。業界的な慣習では、アーティスト印税は数％程度で契約されることが多い。アーティストとの力関係により、場合によって大きな数字になる場合もあれば、逆にアーティスト側の演奏料なし、印税のみ（または演奏料のみ）など、個々の事情によって変更されることもある。さらにはアーティスト自らが自主制作として制作費を全て出す場合もある。こうした自主制作でもレーベルの名を冠して販売する契約は可能で、レーベル側にとってみれば経費を削減して商品を増やすことができるので、条件としては良い契約と言えるだろう。売れている指揮者や奏者であれば強気の印税率を提示できるし、とにかく作品を残したい、お金は二の次という場合には演奏料なしかつ少ない印税のみなど、それぞれの交渉で折り合いがつけられている。

CD業界は商品を増やしていたが、現在はストリーミングサービスの拡大に伴い、録音経費に見合う収益を上げるのが難しくなっている。ＣＤの全盛期にはオーケストラ録音用の広いスタジオで、音源制作のためだけに演奏をしていたこともあるが、今ではその数はかなり少なくなった。現在の主流は経費削減のためコンサートで企画されたプログラムを中心に、リハーサルやゲネプロなどの間に録音を行なうスタイルだ。こうした工程にしておけば、レーベル側は録音会場のレンタル料やオーケストラに支払う演奏料を低く抑えられるし、オーケストラ側も録音のためだけに日程を空ける必要がなく、スケジュール調整がしやすくなる。

ウィーン・フィルは２０２２年現在、指揮者クリスティアン・ティーレマン指揮によるブルックナーの交響曲全曲録音を数年がかりで続けており、ソニー・クラシカルがそのリリースを担当している。この場合もウィーン・フィルの定期演奏会や欧州ツアーにブルックナーの交響曲を組み合わせて、収録を同時に進行している。

レーベル側としては、広告費を出してでも大きな売り上げを期待できる「売れる」アーティストと契約し、なおかつできるだけ印税を抑えたいのが本音だろう。一方のアーティスト側は売り上げだけでなく知名度の向上や、レーベルがコンサートの集客につながる広報を担ってほしいという期待がある。ＣＤ全盛期には、クラシック音楽業界でも大手レーベルがアーティスト活動に貢献していた。

レーベルとの契約交渉

ウィーン・フィルは現在一社のレーベルと専属契約を結ぶのではなく、商品ごとにレーベルを選んでいる。年度ごとのライブ音源など一部を除き、制作と販売について各社と個別に契約をしているのだ。

例えばニューイヤーコンサートは、Deccaから制作されていた時期はあったが、2012年以降はソニー・クラシカルから制作・発売、2022年にはさらに複数年の継続契約が結ばれ、この内容はCD、アナログレコード、ストリーミング音源、コンサート映像(DVD、ブルーレイ)を含めた包括的なものとなっている。クラシック音楽業界ではニューイヤーコンサートの音源は「売れ筋」であり、レーベル側にとっても商品にする価値がある。こうした場合はオーケストラ側の立場が強く、どのレーベルと契約をするかを選ぶことができ、よりよい条件を提示したレーベルと契約するのが通例だ。ソニー・クラシカルはニューイヤーコンサートだけでなく、夏に野外で行なわれるサマー・ナイト・コンサートの契約も持っており、現在ウィーン・フィルとの連携が多いレーベルと言えるだろう。

シェーンブルン宮殿で行なわれるサマー・ナイト・コンサート（写真は2022年のもの）

一方、２０２０年に発売され、最も売れたオーケストラ録音となった「ジョン・ウィリアムズ　ライブ・イン・ウィーン」は、ウィーン・フィルにとって初めてとなる、映画音楽をその作曲家の指揮によって演奏したコンサートのライブ収録盤であり、ドイツ・グラモフォン（ユニバーサル・ミュージック）から発売されている。この音源もＣＤだけでなくアナログレコード、ＤＶＤ、ブルーレイなど多くのフォーマットで販売されたほか、売れ行きが好調であったため、編集違いのバージョンも追加発売されている。

しかしながらこの企画に関しては、

ウィーン・フィルにとってはそれほど〝オイシイ〟契約内容ではなかったという。つまり、売上利益自体は想像していた以上に出たものの、重版の段階で印税を上げていくなどの先を見越した契約ではなかったようだ。また、通常のクラシック音楽曲とは違い、著作権料の発生する映画音楽は必要な経費が高くなる。こうしたことを踏まえ、音源の収入はオーケストラにとっては、ある意味「手堅い」契約が必要である一方で、予想外の売れ行きを想定しての契約交渉スキルも必要となる。

クラシック音楽の演奏家は、子供の頃から楽器練習ばかりで世間のルールに疎く、ビジネス上の金額交渉などは向かないという声も聞かれるが、ウィーン・フィルとしてはそうも言っていられない。交渉のひとつひとつが自分たちのギャランティに直結するからだ。音楽家といえどもビジネス感覚がなければ生き残れない。翻《ひるがえ》って、彼らほどの一流の演奏家であってもビジネス交渉ができるのであれば、他の音楽家もできるはず、という応援歌にはならないだろうか。

「利益率の低い」ストリーミングサービスに適応するために

オーケストラにはこのように、コンサートのチケット収益と共に、音源販売による収益があり、また各国のテレビ・ラジオ放送契約での収益がある（先述の通り、近年では動画や音源のストリーミング会社との配信契約も行なわれている）。

2010年以降、音楽の視聴環境はストリーミング再生に移行し、CDやLPなどの「フィジカル」は売り上げを大きく落とす時代となった。利益率の高いCDなどとは違い、ストリーミングサービスは利益率が低く、1回の再生で権利者に支払われる金額が1円を切るサービスさえある。その微々たる収益をレーベルや指揮者、ソロ演奏家、オーケストラなどの複数の権利者で配分しなければならないのだから大変だ。たとえCDの購入と同程度の数、例えば100万人のストリーミング視聴者がいたとしても、オーケストラが得られる収益は1曲あたりで数万円にしかならない場合もあるのだ。レーベル側も、これでは音源制作の経費を捻出するのが難しくなる。それでもクラシック音楽愛好家はアナログ盤や高品質のCDなど、音が良いとされる音源商品を好んで購入する傾向があるので、まだ多少は音源制作の道筋が残されてはいるが、かつてと比べると厳しい状況であることに変わりはない。

現在ストリーミングサービスで大きな収益を上げられるのは、ポップスなどのメジャー級アーティストが主であることも頷ける。短い楽曲を次々に再生していく気安さや、楽曲の冒頭などに自在にキャッチーなフレーズを挿入することができるなど、ポップスはストリーミングと相性がよいからだ。それらと比べると、クラシック音楽の視聴はストリーミングサービスとは相性が悪いと言える。ウィーン・フィルはこうした状況に合わせ、動画のストリーミングサービスは数ユーロ程度のチケット制のワンタイム（視聴可能な期間を数時間から数日に限る）に絞り、CDなど「フィジカル」の商品購入の動機づけを図るなど、時代に合わせたサービスの選択を行なっている。

ちなみに彼らと比較されることの多いベルリン・フィルは、全く別のユニークな手法を採用している。自主レーベルの運営である。

2014年、ベルリン・フィルは自らの音源制作と販売のため、「ベルリン・フィル・レコーディングス」を発足させた。自主レーベルを持つオーケストラ自体はすでにあったが、ベルリン・フィルはウィーン・フィルと共にメジャーレーベルからの引き合いが強く、当然「売れ筋」とみなされていたので、オーケストラ自身が費用を出して音源を制作せずとも、一流のトーンマイスター（録音エンジニアのドイツ国家資格）らが高品質のものを作ってくれるため、自主レーベルにする必然性がなかった。そんなベルリン・フィルが自分たちのブランディングの一環として、音源商品に「特別感」をまとわせ、音源制作を行なう方向へと舵を切ったのである。

もちろん、その録音と編集の品質の高さは言うまでもないが、付加価値を高めるために、パッケージも他のレーベルから一般発売されるものとは一線を画した超高品質仕様で、高級感ある装丁のブックレットが付いた高額商品だ。他社レーベルからの販売をしないことで音源の希少価値が上がるだけでなく、オーケストラが主体的に商品化の計画を立てることができ、また演奏者や指揮者の意識向上が図れると共に、音源そのものの品質の向上を期待できる。事実、この自主レーベルで販売される音源のファンの満足度は高い。同時にベルリン・フィルはデジタル・コンサートホールという動画配信会社を設立しており、コンサート配信の分野でも独自性を発揮している。オーケストラの運営を演奏家自らが担うウィーン・フィルが音源や映像制作では他社と業務提携を行なうのに対し、運営母体やマネージャーのいるベルリン・フィルが音源制作などを楽団内で行なっている。この両者の対比は興味深い。

ニューイヤーコンサート録音の舞台裏

ウィーン・フィルのニューイヤーコンサートでは、ＣＤやアナログ盤制作のためのレコーディングプロダクション、ORF（オーストリア放送協会）のラジオチームと中継のテレビ放送を担うチームが同時進行で働いている。

ウィーン楽友協会のメインホールである黄金の間で開かれるニューイヤーコンサートは、テレビ放送のある1月1日が最も有名だが、12月30日昼間の公開ゲネプロ、31日夜のジルベスターコンサートと3回同じプログラムで行なわれていることは先に述べた通りだ。このおかげで録音をはじめとする収録チームは、中継のリハーサルを入念に行なえるだけでなく、録音の「差し替え」に使える予備の録音素材を作っておける。

筆者がこれらのチームへの取材を行なった2020年ニューイヤーコンサートは、アンドリス・ネルソンスが指揮者に迎えられた。パンデミックとロックダウンの直前のことだ。

ステージ上には二階席のバルコニーに渡されたリールに吊り下げられたメインマイク（デッカツリー）や、サラウンド用のハイトチャンネルといった音源の種類によって選び抜かれたマイクがセットされる。ステージの床にはスタンドで楽器ごとに据え置かれるマイクがあり、ショップスやDPAといったオーケストラ録音ではお馴染みのメーカーが選ばれていた。これらのマイクで集音された音声はステージ裏のラックに集約され、そこからラジオ放送のスタジオ部屋、音源制作担当のドイツ・テルデックススタジオのチームの部

楽友協会内のラジオ放送スタジオ

屋、そしてテレビ中継車が並ぶ楽友協会の裏手にケーブルが渡される。この中継車へ送られるケーブル類は三階の窓から下に垂れ下がっているだけであり、その大胆さには驚いたものだ。建設から150年が経つ楽友協会は電源やケーブルを外部接続できるような作りにはなっておらず、窓を開けて外にケーブル類を出すしかないのである。伝統ある歴史的建造物で近代的な作業をするときには、こうした舞台裏の光景がある。

オーケストラがネルソンスの指揮で入念にリハーサルを始める横で、エンジニアたちはマイクの位置を調整し、それぞれのチームのブースで音声や映像の伝送確認を行なう。CD制作チームでは録音エンジニアがそれぞれのマイクの

ニューイヤーコンサートを収録するORFの中継車内で

音を精査し、バランスを整え、録音が確実にできるよう作業する。エンジニアの後ろに構えるプロデューサーはこの年もベテランの名プロデューサー、フリーデマン・エンゲルブレヒト氏で、スコアを見ながらチェックを重ねていた。

ニューイヤーコンサートのストリーミング配信は1週間後には開始され、欧州では同じタイミングでCDが店頭に並ぶ予定が組まれているため、高速かつ的確な編集が求められるタフな仕事だ。1月1日11時から始まるニューイヤーコンサート終了後の18時には、ネルソンスがファーストエディットの確認試聴に来る予定となっていた。それまでのたった数時間で、CD2枚組20曲の編集を終えていなければならないのだから、それがどれほど大変で、熟練を必要とする作業かがおわかりいただけるだろう。

オーケストラの録音では、マイク数は数十に上り、そのバランスを整えるだけでも大変な作業だ。エンジニアは集音作業だけでなく、音楽的解釈に基づいて編集ポイントを的確に判断する必要がある。それら全てを楽譜と演奏された音から判断するプロデューサーやエンジニアが、トーンマイスターという国家資格を持ってプロフェッショナルな作業をしている光景は圧巻である。

一般的にはあまり知られていないことだが、録音物の編集や完成の方向性については、実はオーケストラよりも指揮者がその判断を下している。オーケストラ側もある程度確認をする場合もあるが、基本的には指揮者の判断に委ねられている。オーケストラはリハーサルまでの間に音楽の方向性や奏法について指揮者と話し合い、決定したうえで演奏を行なっており、結果については指揮者に委ねられるのだ。音源は、録音データを指揮者に選んでもらい、編集ポイントや音のイメージ、リバーブなどを確認して編集し、完成される。演奏するのはオーケストラだが、指揮者がその音楽に責任を持つのは、常任指揮者のいないウィーン・フィルといえども同じなのである。

指揮者によってオーケストラの音楽が変わり、演奏の良し悪しが生まれる。オーケストラを理解し、そのポテンシャルを最大限に引き出し、演奏される作品の理解を深めて演奏の高みを目指すという点において、指揮者の責任は大きい。指揮者が変わればオーケストラも変わり、指揮者の力量と奏者との信頼関係が、オーケストラ全体の進歩に寄与する。だからこそ、オーケストラにとって複数年を共にする常任指揮者選びは最も重要で、未来をも左右する重要な要素となる。

現在、ウィーン・フィルは常任指揮者を置いていない。自分たちの音楽は自分たちで伝承し、それを指揮者に左右されないという意思表明である。

アーティストの生きる道

一人の演奏家、アーティストがどのように演奏を届け、演奏を生業として生きるためにどのような戦略をとっていくか。それは活動を続ける以上、常に考えなければならない問題である。音楽家としてどう音楽を作り上げるかという根本的な問題はもちろん、コンサートホールを満席にするため、また録音物を収益化するために、何をするかを考え、行動しなければならないのだ。

第二次世界大戦後、急速に資本主義の様相が変わり、音楽業界の構造も一変した。録音ビジネスやチケット販売もIT化され、SNSを利用した広報活動は当たり前となり、それに伴ってアーティスト・ブランディング論に関する書籍が出版されるようにもなった。CD売り上げ全盛期だった1980〜90年代、ダウンロード販売が始まった2000年代初頭に高収益を上げていたアーティストの一部からは、現在の音楽のストリーミングサービス化に不満の声が聞こえてくる。ストリーミングサービスが始まった頃は、自身の音源をストリーミングサービスに乗せることを固辞していたアーティストもいた。しかしながら、2010年代に入り、J-popのメジャーアーティストの間でもストリーミングサービスでの配信を解禁する動きが加速し、IT化に伴う音楽業界のマネタイズの仕組みの大転換に、全ての音楽関係者が適応を余儀なくされている。

こうしたIT化と音楽視聴環境の変化とは別に、特にクラシック音楽の演奏家には従来から、芸術活動と商業活動は両立しないのではないかと悩む人も多い。アーティストの収益化を推し進めるマネジメント側を金の亡者として「演奏家の芸術性を搾取している」と敵視する奏者までいる。一方で、演奏活動が経済的に成功しない場合には「芸術はお金にならないのが正解」と諦めの境地を吐露する声も聞こえてくる。

マネジメント側も、より商品価値の高いアーティストとの連携を望み、演奏家のキャリア形成よりも知名度を上げることを優先させるケースもしばしばだ。しかし心あるマネージャーたちの中には、経済的な側面だけでなく、アーティストに音楽にだけ注力してもらい、よりよい音楽を作り続けてほしいと願う人も多い。そして、その気持ちが強いあまり、アーティストへの演奏計画やマネタイズ手法の丁寧な説明など、時間のかかる工程をあえて省く場合もある。それが逆にアーティストの不信感につながり、よい演奏活動につながらず、マネジメント関係を解消するという事例は枚挙にいとまがない。マネジメント側にアーティストを搾取する意図がなくとも、ボタンの掛け違いによるこうした仲違いは頻繁に見られる光景だ。

ウィーン・フィルの前楽団長グロスバウアーも、そのポストにいるとき、「選ばれた数人の運営陣が仕事をして、他の団員が100%音楽に専念できるようにしている」と答えていた。筆者はここに、グロスバウアー体制が続かなかった要因があったのではないかと考えている。

グロスバウアーはその短い任期の中で、先を見越し時代に合わせようとし、多くの方針転換を行ない、性急な改革を施した。後の世代に評価されるべき改革も多い。しかし一方で、団員の負担を減らし演奏への専念を願うあまり、方向転換や実務内容についての意を尽くした説明や相談、意見の吸い上げが十分ではなかったのではないだろうか。ウィーン・フィルは個人事業主の集まりであり、全員が「王」である。どんな計画や企画にも全員の意見が反映されたと納得できるよう、それぞれの個人的なバックグラウンドを含めて、しっかりと意見を吸い上げて決定がなされるべきだった。

ウィーン・フィルのこの経験と失敗は、これからの音楽業界で生き残っていく演奏家やアーティストに、ひとつの答えを示しているのではないだろうか。アーティスト自らが、自分の音楽に責任を持ち、生きる方向を見極め、社会の変化を理解しようとし、自らのキャリア形成のためにどの会社とどのような契約をするか、誰との信頼関係が必要かなど、その全てに意志と責任を持って演奏活動を行なうことこそが、今の演奏家に求められているのではないか。アーティストは音楽だけでなく、経営についても学ぶことが必要というのは、困難ではあるが決して不可能なことではない。すでにウィーン・フィルが実現しているいることだからだ。

これまでは、アーティストは効率的に練習し、移動し、演奏できるよう、全てをマネージャー任せにすることが正解だとされてきた。音楽家に収益計算はできないだろう、印税や著作権や他の演奏者との権利契約などは難しいだろうと、その業務をマネジメント側が抱え込んできた。演奏家本人も面倒なことに時間を取られるより、より多くの時間を練習に当てたいと思っていただろう。

しかし、ウィーン・フィルは違う。創設以来一貫して自分たちが楽曲を選択し、指揮者を選び、ビジネスパートナーと契約してきた。決定権を手放さず、演奏家自らが運営を担う。実務のせいで練習時間が少なくなっては良い演奏にならないという言い訳は、ウィーン・フィルには通用しない。むしろ自分たちで確固たる運営ができるからこそ、自分たちの音楽を守ることができるのだと主張する。

世界一の演奏を行なうことと、マネジメントやブランディングを行なうことは、すでに両立できているのだ。ウィーン・フィルは全ての演奏家に、演奏家として何ができるかを示し、勇気を与えているのではないだろうか。

ウィーン・フィルのこれから

かつてロイヤル・コンセルトヘボウ管弦楽団の常任指揮者であったベルナルト・ハイティンクは、こう語っている。

「100年近くの歳月をかけて築き上げてきた、私たちコンセルトヘボウの響きが変わってしまった。永遠にそれは失われた。もう戻らない」

ロイヤル・コンセルトヘボウとは、ウィーン・フィル、ベルリン・フィルと並び、世界三大オーケストラと称されるオランダの楽団である。ハイティンクの嘆きの理由は、自身の後任指揮者の音楽性が気に染まなかったとか、弦楽器奏者の運弓《うんきゅう》がドイツ式からフランス式に変わったとか、さまざまな要因や社会の変化に起因していると言われる。しかしこれは、コンセルトヘボウだけの問題ではない。

急速に進化した資本主義世界の中でグローバル化が正解とされ、オーケストラの音色も均一化してきた。さまざまなバックグラウンドを持つ演奏者が、他国の文化の中で育ったオーケストラの一員となるのだから当然だ。誰にでも門戸は開かれるようになり、音楽技術は世界的に向上した。一方で、その土地で育った文化的な特徴は継承されづらくなった。それでも個々のオーケストラはそれぞれに工夫して特色を持ったレパートリーを増やし、その音楽を未来へと繋ぐため、後任を育成している。

ウィーン・フィルもまた、自分たちの特色の損失を何より恐れ、アカデミーの重要性を問うていることはすでに述べた。２０１６年に退団したコンサートマスターのライナー・キュッヒルは、その46年にわたるウィーン・フィルでの演奏経験と楽団の音楽的特徴を、確実に次世代に継承しなければならないと言った。そのキュッヒルの後任として育てられるはずだったコンサートマスター候補は、試用期間だけのポジションに終わっている。ウィーン・フィルに合わないと同僚に判断されれば、その地位に留まることはできない。そうした厳しい選択が今も行なわれている。2022年10月、ヤメン・サーディがウィーン国立歌劇場管弦楽団コンサートマスターのオーディションを通過した。イスラエル出身の彼が、厳しい試用期間を無事終えられるかどうか、音楽業界が注目している。

帝国の崩壊や戦争など、ウィーン・フィルはその180年の歴史の中で、時代に応じて巧みに生き残ってきた。音楽的な伝承を継承しながら、その時代に求められる変革をし、未来を見据えた準備の全てを、演奏家自らが行なっている。パンデミック下のこの3年の間も、それは変わっていない。

「この次の100年にウィーン・フィルの音楽を残していくために、今できることを全てしなければいけない。まず第一に、音楽的な伝統を守ることだ」

楽団長の仕事として一番大事なことは何かと問うた際、就任したばかりのフロシャウアーはそう答えた。

時代が変わっても、音楽のありようを変えないために必要なことは何か。

グスタフ・マーラーはこう言った。

「伝統とは灰の崇拝ではなく、炎を絶やさず継ぐことである」

２０２０年に始まったパンデミックと、その後の世界情勢の混乱の中で、ウィーン・フィルは独自になすべきことをし、その音楽を次の世代に繋げようとしている。それが灰になるかどうかは、時代がその答えを出すだろう。

あとがき

２０２０年3月11日。私のもとにウィーンから一本の電話が入った。オーストリアがロックダウンに入るという。空港は閉鎖され、ホテルの滞在も難しい。私は3月18日のウィーン行きのチケットと、以後の予定を全てキャンセルせざるを得なかった。

すぐさまウィーン・フィルにも連絡し、状況の確認を行なった。演奏家はみな自宅待機を余儀なくされ、外を出歩いているだけで警察に質問を受けるような厳戒態勢だという。日本はまだ非常事態宣言が出る前で、欧州ほど深刻な状況ではなかった。感染者数十人の東京にいる私と、ロックダウン下のウィーン。電話の向こうの緊張感は、遠くない未来に日本に迫り来る事態を想像させた。仕事を手放した失望と感染症への恐怖で、膝を抱えて泣くしかなかった。

人と人が直接会うことができなければ、我々音楽業界はこんなにも無力なのだと絶望的な気持ちになった。トンネルの先の出口は遠すぎて見えなかった。

ロックダウンを越え、約3ヶ月ぶりに演奏活動を再開した直後のウィーン・フィルに、私はオンライン取材を行なった。未だ辛い状況下にある世界のオーケストラや音楽家に何かコメントはありますかと問うた際、フロシャウアー楽団長はこう言った。


「Never let a situation let you become hopeless.」(どんな状況でも絶望しないで)

力強い言葉ではあったが、それは自らに言い聞かせている言葉のようにも思えた。切羽詰まった状況の中で、自分たちの音楽を守るには、一刻も早く演奏活動を再開しなければならない。音楽の伝統は一度損なわれたらもう二度と取り戻すことができない類のものだ。世界に音楽を取り戻すために、ウィーン・フィルが最初に走らなければならない、と。

パンデミック下の世に、強い信念で己の音楽を示した彼らの動きを、遠く離れた日本から眺めながら、私はその音楽に癒され、生きる希望と勇気を与えられた。それは私だけではなかっただろう。

ウィーン・フィルハーモニー管弦楽団。その180年に及ぶ時間の中で、偉大な作曲家や指揮者と積み重ねてきた歴史と伝統を守らなければならないという強い責任感と意志、そして変わりゆく時代に対応するしなやかさを、パンデミック下の3年間追い続けた私の言葉で、ここに残しておきたいと思う。この時代にウィーン・フィルがどのように困難を越えて存続しようとしていたか、その苦労に共感いただければ幸いである。

そして、それとは別に、ウィーン・フィルの音楽を音楽そのものとして享受し、癒され、高揚し、時にはその演奏に苦言を呈し、また時には個々の演奏家に思いを寄せていただきたい。そうした平和な日常こそが、我々が求めているクラシック音楽の本来の楽しみ方だろう。ここに音楽があることに、今あらためて感謝したい。

この本を執筆するにあたり、常に温かい励ましをくださったNHK出版の田中遼氏と、草案段階から一方ならぬ助言をくださったアップルシード・エージェンシーの藤本佳奈氏に厚くお礼申し上げます。またORF（オーストリア放送協会）をはじめ、ウィーンの録音業界の関係各位、ならびにウィーン在住ジャーナリストの御影実氏に現地取材や事実関係の確認など、細やかな配慮をいただきました。服飾史家の中野香織先生からは衣装について詳細なご意見を頂戴しました。皆様のご協力がなければ、この本は生まれておりません。

そして最後に改めて、楽団長フロシャウアー氏をはじめ、ウィーン・フィルハーモニー管弦楽団の皆様に心からの愛を込めて謝辞をお伝え申し上げます。ありがとうございました。

渋谷ゆう子

参考文献

・岡田暁生『西洋音楽史――「クラシック」の黄昏』（中公新書）
・岡田暁生『音楽の危機――《第九》が歌えなくなった日』（中公新書）
・河野純一『不思議なウィーン――街を読み解く100のこと』（平凡社）
・キュッヒル真知子『青い目のヴァイオリニストとの結婚』（新潮文庫）
・許光俊編著『クラシック知性主義』（青弓社）
・幸松肇『ウィーンの弦楽四重奏団200年史――弦楽四重奏の魅力にとりつかれた演奏家たち』（クワルテット・ハウス・ジャパン）
・近藤譲『ものがたり西洋音楽史』（岩波ジュニア新書）
・武田知弘『ビートルズのビジネス戦略』（祥伝社新書）
・中川右介『国家と音楽家』（集英社文庫）
・中川右介『冷戦とクラシック――音楽家たちの知られざる闘い』（NHK出版新書）
・中野雄『ウィーン・フィル　音と響きの秘密』（文春新書）
・野村三郎『ウィーン国立歌劇場　すみからすみまで』（音楽之友社）
・野村三郎『ウィーン・フィルハーモニー――その栄光と激動の日々』（中央公論新社）
・平林直哉『クラシックの深淵』（青弓社）

・森芳久『カラヤンとデジタル――こうして音は刻まれた』（ワック）
・山岸淳子『ドラッカーとオーケストラの組織論』（ＰＨＰ新書）
・山田真一『オーケストラ大国アメリカ』（集英社新書）
・山之内克子『ウィーン　ブルジョアの時代から世紀末へ』（講談社現代新書）
・山之内克子『物語　オーストリアの歴史――中欧「いにしえの大国」の千年』（中公新書）
・アレクサンダー・ヴィテシュニク著、福原信夫・吉野忠彦訳『ウィーン・フィルえぴそーど』（立風書房）
・オットー・シュトラッサー著、ユリア・セヴェラン訳『栄光のウィーン・フィル――前楽団長が語る半世紀の歴史』（音楽之友社）
・オットー・ビーバ、イングリード・フックス著、小宮正安訳『ウィーン楽友協会　二〇〇年の輝き』（集英社新書ビジュアル版）
・クルト・ディーマン著、芹澤ゆりあ訳『ウィーン・フィル――魅惑のワルツ』（まほろば書房）
・クレメンス・ヘルスベルク著、芹沢ユリア訳『王たちの民主制――ウィーン・フィルハーモニー創立１５０年史』（文化書房博文社）
・ハンス・ヴァイゲル著、信岡資生訳『ウィーン・フィルハーモニー讃』（白水社）
・フランツ・バルトロメイ著、坂本謙太郎監訳、坂本明美訳『この一瞬に価値がある――バルトロメイ家とウィーン・フィルの１２０年』（音楽之友社）
・ベルンハルト・ケレス、ベッティーナ・メーネ著、後藤菜穂子訳、石田麻子日本語版監修『クラシック音楽家のためのセルフマネジメント・ハンドブック』（アルテスパブリッシング）

・ライナー・キュッヒル、野村三郎『ウィーン・フィルとともに45年――名コンサートマスター、キュッヒルの音楽手帳』（音楽之友社）
・ロバート・ターンブル著、堀内修訳『世界のオペラハウス』（音楽之友社）
・ロバート・リム、クライヴ・ギリンソン著、平野佳訳『音楽と真のリーダーシップ――カーネギーホール総監督兼芸術監督は語る』（日経ＢＰ）
・ワルター・バリリ著、岡本和子訳『ウィーン・フィルとともに――ワルター・バリリ回想録』（音楽之友社）
・「レコード芸術」編『保存版　迷うもまたよし！　クラシック・レーベルの歩き方』（音楽之友社）
・Christian Merlin et al., *Die Wiener Philharmoniker : Das Orchester und seine Geschichte von 1842 bis heute*, Amalthea signum Verlag, 2017
・Braumüller GmbH, *Bibliografische Information der Deutschen Nationalbibliothek*
・*HERBERT VON KARAJAN and the VIENNA PHILHAMONIC Special annual edition of the vienna philharmonic 2021*, Wienner Philharmoniker, 2021
・Leo Beranek, *Concert halls and opera hauses : Music, Acoustics, and Architecture*, Springer, 2004

1959	カラヤンの指揮で40日間に及ぶ世界ツアーを行なう。インド出身のズービン・メータが東洋人の指揮者として初の共演
1966	レナード・バーンスタインが初めて指揮
1967	指揮者カール・ベームに創立125周年を記念して創設された「名誉指揮者」の称号が贈られる
1982	ソニーとフィリップスの共同開発の末、CDの販売が開始される
1985	楽友協会内にアーカイブを設置
1987	「日本ウィーン・フィルハーモニー友の会」が結成
1995	オーストリア、欧州連合(EU)加盟
1997	女性奏者の正会員採用が始まる
2000	オットー・ニコライ旧居に「音楽の家」を開設。ウィーン・フィルのアーカイブの一部を移転
2002	日本人指揮者として初めて小澤征爾がニューイヤーコンサートで指揮
2004	シェーンブルン宮殿の庭園にてサマー・ナイト・コンサートの開催が始まる
2011	アルベナ・ダナイローヴァがウィーン・フィル初の女性コンサートマスターに就任
2017	ニューイヤーコンサートにてザ・フィルハーモニック・スーツが初披露される
2018	若い音楽家を育成するため、オーケストラ・アカデミーを設立
2020	1月、ジョン・ウイリアムズ指揮による映画音楽のコンサート開催。その後新型コロナウイルス感染症拡大のため、欧州各国がロックダウン。3月、欧州ツアーをすべて中止。飛沫拡散実験ののち、6月にダニエル・バレンボイム、リッカルド・ムーティ、フランツ・ウェルザー=メストの指揮で有観客での公演再開。11月、コロナ禍唯一の海外ツアーとして来日
2022	ロシアによるウクライナへの軍事侵攻開始。ニューヨーク公演でロシア人指揮者ヴァレリー・ゲルギエフが降板。「躓きの石」完成

1914	サラエヴォ事件起こる。セルビアに宣戦布告、第一次世界大戦勃発。ウィーン・フィル、慈善コンサートを開始。徴兵のため奏者が激減
1916	皇帝フランツ・ヨーゼフ1世が逝去
1917	ゲネプロをコンサートとして公開開始。政府の要請によりスイスツアーを行なう
1918	第一次世界大戦終結。オーストリア革命が起こり、オーストリア=ハンガリー帝国が崩壊。オーストリア共和国となる
1921	ヨハン・シュトラウス2世の記念像の除幕式での演奏にて、アルトゥール・ニキシュがウィーン・フィルの演奏でヨハン・シュトラウス2世の〈美しく青きドナウ〉を取り上げる
1922	初めてヨーロッパを離れ南アメリカで公演を行なう
1924	第1回ウィーン・フィル舞踏会が開催
1933	常任指揮者を置かず、オーケストラがコンサートごとに指揮者を選ぶ方法を採用
1937	ウィーン楽友協会コンサートホール・小ホールがブラームスの功績を讃え「ブラームスザール」と名付けられる
1938	ナチス・ドイツがオーストリアを併合。ウィーン・フィルに解散命令が下る。ナチ党はユダヤ人、またはユダヤ人縁者のメンバーを解雇、追放、殺害。演奏活動の独自性を保つため、ヴィルヘルム・フルトヴェングラーがゲッペルスと交渉
1939	独ソ不可侵条約締結。ナチス・ドイツがポーランド侵攻。第二次世界大戦勃発。ニューイヤーコンサート始まる
1942	123名の楽団員のうち60名がナチ党員になる
1945	フルトヴェングラーの指揮で定期コンサートを開催。その後フルトヴェングラーは亡命。第二次世界大戦終結。国立歌劇場焼失
1946	ヘルベルト・フォン・カラヤンがウィーン・フィルで指揮に復帰
1955	オーストリアが独立、永世中立国宣言。国立歌劇場再建
1956	初来日公演。日比谷公会堂などで演奏を行なう

ウィーン・フィル関連年表

1709	ケルントナートーア劇場開場
1741	ブルク劇場開場
1770	ボンにてルートヴィヒ・ヴァン・ベートーヴェン誕生
1804	オーストリア帝国成立
1812	ウィーン楽友協会設立（正式認定は1814年）
1814	ウィーン会議（～ 1815年）
1824	ケルントナートーア劇場にてベートヴェンの交響曲第九番初演
1841	オットー・ニコライがケルントナートーア劇場の楽長に任命される
1842	ホーフブルク宮殿のレドゥーテンザールにてオットー・ニコライ指揮の宮廷歌劇場管弦楽団（現・ウィーン・フィルハーモニー管弦楽団）のオーケストラでのコンサート初開催
1863	前年にウィーンに移住したヨハネス・ブラームスの指揮でコンサート開催
1867	オーストリア=ハンガリー帝国成立
1869	ウィーン楽友協会のコンサートホール（宮廷歌劇場）が竣工
1870	ウィーン楽友協会本部竣工。コンサートホール（「黄金の間」など）開館。ケルントナートーア劇場閉鎖
1873	定期演奏会にてアントン・ブルックナー指揮による交響曲第二番初演
1897	グスタフ・マーラーがウィーン・フィルの指揮者に就任。翌年には宮廷歌劇場の芸術監督に
1900	パリ万国博覧会にて、マーラー指揮のもと初めての国外公演を行なう
1908	ウィーン・フィルハーモニー管弦楽団が官庁で認定された協会組織となる

校閲　金子亜衣
ＤＴＰ　佐藤裕久

渋谷ゆう子　しぶや・ゆうこ
音楽プロデューサー、文筆家。
大妻女子大学文学部卒。
株式会社ノモス代表取締役として、海外オーケストラをはじめとする
クラシック音楽の音源制作やコンサート企画運営を展開。
また演奏家支援セミナーや
オーディオメーカーのコンサルティングを行う一方、
ウィーン・フィルなどに密着し取材を続けている。

NHK出版新書 691

ウィーン・フィルの哲学
至高の楽団はなぜ経営母体を持たないのか

2023年1月10日　第1刷発行

著者　渋谷ゆう子　
発行者　土井成紀
発行所　NHK出版
〒150-0042 東京都渋谷区宇田川町10-3
電話 (0570) 009-321(問い合わせ) (0570) 000-321(注文)
https://www.nhk-book.co.jp (ホームページ)

ブックデザイン　albireo
印刷　壮光舎印刷・近代美術
製本　二葉製本

Printed in Japan ISBN978-4-14-088691-5 C0273

NHK出版新書好評既刊

ナチスと鉄道
共和国の崩壊から独ソ戦、敗亡まで
鴋澤 歩
新車輛開発競争、交通政策をめぐる組織内外の駆け引き、鉄道からみた独ソ戦、死の特別列車——。知られざる歴史を、通史として描き出す。
663

ポスト・ヒューマニズム
テクノロジー時代の哲学入門
岡本裕一朗
なぜいま、哲学で「人間」が問題となるのか。「思弁的実在論」「加速主義」「新実在論」など、21世紀現代哲学を、具体的論点を踏まえて明瞭に解説！
664

小林秀雄の「人生」論
浜崎洋介
稀代の知性が一貫して追求した「日本人が真に幸福に生きるための心構え」とは？ あの難解な文章が読めるようになる、小林秀雄・超入門講義！
665

商業美術家の逆襲
もうひとつの日本美術史
山下裕二
従来の日本美術史の枠をはみ出した破格の商業美術家の作品をカラーで多数収載。浮世絵からマンガまで、知られざる「美の系譜」を明らかにする！
666

現代哲学の論点
人新世・シンギュラリティ・非人間の倫理
仲正昌樹
パンデミックやテクノロジーの急速な進化など、社会の変化によって哲学に今どのような問いが生まれているのか？ 8つの論点を鋭く解説！
667

日本人の宿題
歴史探偵、平和を謳う
半藤一利
保阪正康［解説］
「昭和史の語り部」として慕われた半藤一利さん。没後一年、NHKラジオ番組での「語り」をもとに再構成した日本人への「遺言」。保阪正康の解説付き。
668

NHK出版新書好評既刊

壁とともに生きる
わたしと「安部公房」
ヤマザキマリ
人間社会のジレンマを昆虫観察するかのように描いた戦後作家、安部公房。その恐るべき俯瞰力と先見性を、気鋭のマンガ家が生き生きと語る。
675

実践・哲学ディベート
〈人生の選択〉を見極める
高橋昌一郎
反出生主義に英語教育、ルッキズムからAI倫理、意思決定論まで。「教授」と「学生たち」のディベート形式で哲学的思考を鍛える画期的入門書！
676

『パンセ』で極める人間学
鹿島 茂
博覧強記の仏文学者が、西洋哲学の古典『パンセ』から、現代人にとって切実かつ魅力的な部分を抽出し、自身の訳と解説で編み直す、新しい哲学ガイド。
677

お白洲から見る江戸時代
「身分の上下」はどう可視化されたか
尾脇秀和
お奉行様のお裁きの前になぜ出廷者の「座席決め」が問題となったのか？ 役人たちの苦労の背後に、幕府が守ろうとしていた「正義」を見出す快作！
678

考証 鎌倉殿をめぐる人びと
坂井孝一
大河ドラマ「鎌倉殿の13人」の時代考証者が、平安末期から鎌倉時代に活躍した人物の虚像と実像を徹底解説。人間関係や出来事の背景に迫る！
679

私の文学史
なぜ俺はこんな人間になったのか？
町田 康
現代文学の大立者・町田康が、影響を受けた文学や音楽・浪曲・落語など、自身の創作の裏側について、はじめて内面を「暴露」する文芸ファン待望の一冊。
681

NHK出版新書好評既刊

メタバースビジネス覇権戦争
新 清士
プラットフォーム争奪戦を勝ち抜くのは、どの企業か?! VRビジネスを長年取材してきた著者が、GAFAMから日本企業までの動向を徹底解説!
682

オスとは何で、メスとは何か?
「性スペクトラム」という最前線
諸橋憲一郎
雌雄はじつは連続している? 性は生涯変わり続ける? 全ての細胞は独自に性を持っている!? 様々な生き物から解き明かす、常識が変わる生物学講義。
683

「気づき」のがん患者学
サバイバーに学ぶ治療と人生の選び方
古川雅子
現場を20年近く、100人以上の患者を取材してきた著者が、最新治療を取り入れる際の考え方、仕事も人生も諦めない方法など、ヒントを伝える。
684

脱・下流老人
年金、生きがい、つながりを立て直す
藤田孝典
高齢者の困窮はどうやって解決できるか。最低限の年金を保障する制度、生きがいの回復、地域におけるつながりの創出等の視点から提言する。
685

試験に出る現代思想
斎藤哲也
センター試験・共通テスト「倫理」厳選23問を入口に、20世紀以降の哲学の流れと見取り図を示す。難解な思想の基本がサラリとわかる入門書!
686

壊れゆく世界の標《しるべ》
ノーム・チョムスキー
デヴィッド・バーサミアン［聞き手］
社会の底が抜けた今、我々はどのような指針とアイデアを持つことができるか? 現代最高の知性がコロナ禍のアメリカで示した変革の構想と道筋。
687

NHK出版新書好評既刊

新説 家康と三方原合戦
生涯唯一の大敗を読み解く
平山優
信玄が見抜いた、家康の弱点とは⁉ 家康に最大の危機をもたらし、その後の戦国史を大きく転換させた合戦の真相と、歴史的意義に迫る！
688

禁断の進化史
人類は本当に「賢い」のか
更科功
知能の高さと生物の繁栄は直結しているのか？なぜ知能だけでなく、意識が進化したのか？ベストセラー生物学者が、人類史最大の謎に迫る。
689

ゼロからの『資本論』
斎藤幸平
あの難解な『資本論』が誰にでも分かるようになる！ 話題の俊英がマルクスとともに〝資本主義後〟の世界を展望する、究極の『資本論』入門書。
690

ウィーン・フィルの哲学
至高の楽団はなぜ経営母体を持たないのか
渋谷ゆう子
奏者は全員個人事業主！ ハプスブルク家の治世から、彼らはいかに後ろ盾なしで伝統を守ってきたのか。歴史を辿り、楽団員への取材から明かす。
691

徹底討論！
問われる宗教と〝カルト〟
島薗進 釈徹宗
若松英輔 櫻井義秀
川島堅二 小原克博
人を救うはずの宗教。〝カルト〟との境界はどこにあるのか。第一線にいる研究者・宗教者6人が、宗教リテラシーを身に付ける道筋を照らす。
692